Sekundarstufe

Eckhard Berger

Caspar David Friedrich

Anmalen und weitergestalten

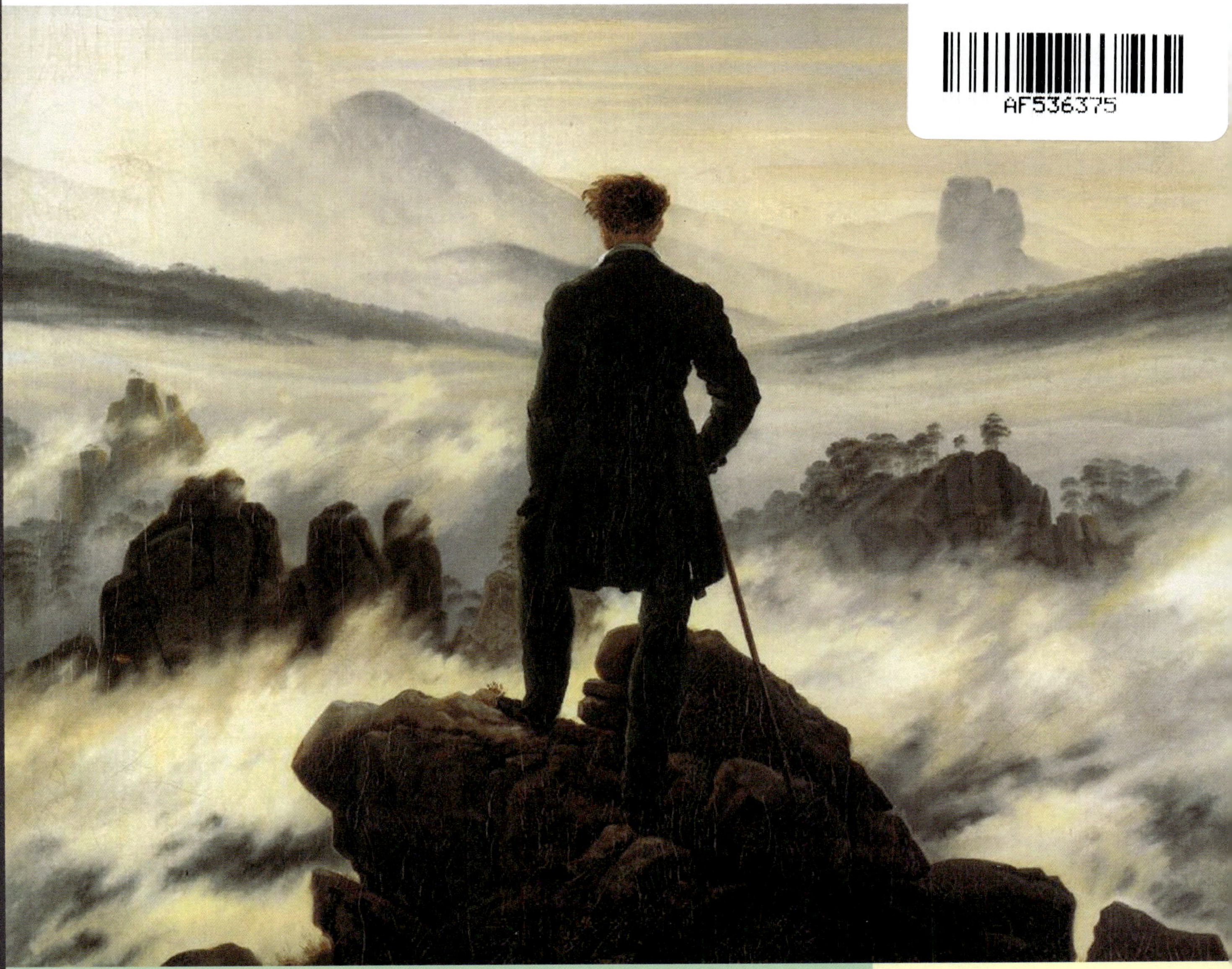

- Aufgaben und Projekte zum Leben und Werk des Künstlers
- Hochwertige Abbildungen und prägnante Sachtexte
- Ein Schulmalbuch

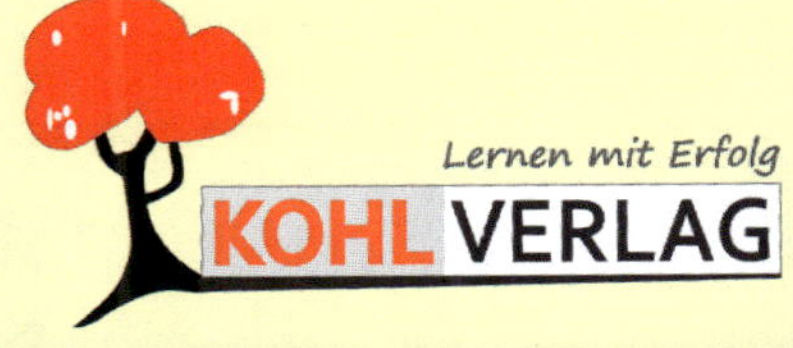

www.kohlverlag.de

Caspar David Friedrich

Anmalen und weitergestalten

4. Auflage 2025

Inhalt: Eckhard Berger
Grafische Gestaltung: Barbara & Eckhard Berger
Satz: Kohl-Verlag
Fotos: Archiv teamberger, Pixelio, Adrian Berger, Barbara Berger, Eckhard Berger, Caspar-David-Friedrich-Gesellschaft, Wikimedia & Wikipedia
Druck: elanders Druck, Waiblingen

Bestell-Nr. 11 939

ISBN: 978-3-96040-078-3

Kontakt: Kohl-Verlag, An der Brennerei 37-45, 50170 Kerpen
Tel: +49 2275 331610, Mail: info@kohlverlag.de

Inhalt

Seite

Vorwort und Anleitung 4

Aufgaben

- Caspar David Friedrich
  Geburt, 9 Geschwister, Todesfälle in der Kindheit
  seine Berühmtheit und seine Erkrankung 5
- So sah er aus 6
- Sein Geburtshaus 7
- ***Caspar David Friedrich in seinem Atelier*** *(1811)* bei der Arbeit 8
- ... der Nebel hat sich plötzlich aufgelöst 9
- Das traurig und gruselig wirkende Bild ***Abtei im Eichwald*** *(1809-1810)* 10
- ***Wiesen bei Greifswald*** (1820-1822) mit Silhouette 11
- Er unternahm Fußwanderungen und Reisen und skizzierte 12
- Stell dir so Caspar David Friedrich vor 13
- Ein Wolkenhimmel mit einem großen bunten Regenbogen 14
- ***Frau vor der untergehenden Sonne*** (um 1818) ist ein Rückenbild 15
- ***Morgen (Ausfahrt der Boote)*** *(um 1816-1818)* 16
- Er malte oft Segelboote und Segelschiffe mit und ohne Menschen 17
- ***Wanderer über dem Nebelmeer*** *(um 1818)* 18
- Zu den ***Kreidefelsen auf Rügen*** *(um 1811)* auf Hochzeitsreise
  mit seiner Frau Caroline Brommer 19
- Die ***Frau am Fenster*** *(1822)* farbig weitergestalten 20
- Am Abend scheint die Sonne hell durch die Bäume 21
- Das Caspar-David-Friedrich-Puzzle 22
- ***Landschaft im Charakter des böhmischen Mittelgebirges***
  (um 1830-1835) mit Bergketten 23
- Sein Meisterwerk ***Die Lebensstufen*** *(um 1835)* 24
- ***Mann und Frau den Mond betrachtend*** *(um 1830-1835)*
  mit einem neuen Hintergrund 25
- Weitere Informationen über Caspar David Friedrich 26
- Abschlusstest 29

- Die Lösungen 30

- Galerie 30

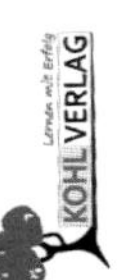

KOHL VERLAG
CASPAR DAVID FRIEDRICH
Anmalen und weitergestalten – Bestell-Nr. 11 939

Caspar David Friedrich - Anmalen und weitergestalten gehört zu der neuartigen Schulmalbuchreihe, die wahlweise als Schülerarbeitsbuch oder als Kopiervorlagenwerk einsetzbar ist. Sie führt konzeptionell innovativ und genial einfach direkt in das Leben und in das Werk der großen internationalen Künstler aus Vergangenheit und Gegenwart ein. Schülerinnen und Schüler aller Klassen und Schulformen erwerben begeistert Wissen, malen Bilder farbenprächtig an und gestalten sie ideenreich weiter. Mit fantastischen Ergebnissen belohnen sie sich und werden schnell Kunstexperte. Lehr- und Lerneffizienz sind garantiert.

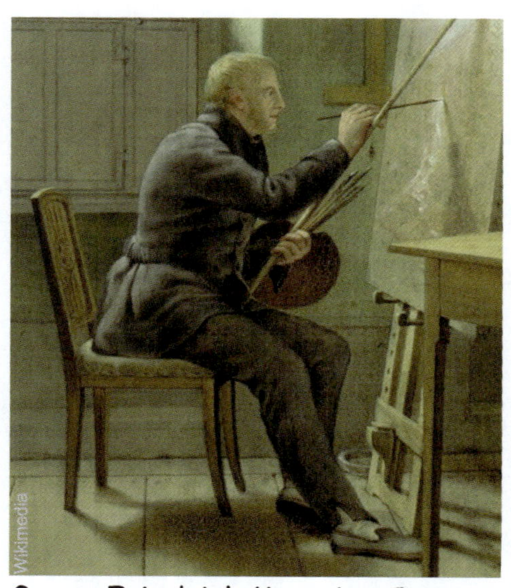

Georg Friedrich Kersting **Caspar David Friedrich in seinem Atelier** (Ausschnitt) 1811

Caspar David Friedrich ist anerkannterweise der berühmteste und größte deutsche Künstler der Romantik. Er war von der Schönheit und dem Ausdruck der Natur immer sehr begeistert. Viele stimmungsvolle und bedeutungsreiche Landschaftsbilder malte er. In seiner Kindheit erlebte er Todesfälle in seiner Familie. Dadurch geprägt wurde er ein ernster, melancholischer Erwachsener. Später wohnte und arbeitete er die meiste Zeit in Dresden. Bis auf seine letzten Lebensjahre war er ein sehr erfolgreicher und gefragter Künstler. Der russische Zar und der preußische König bewunderten sein Können und erwarben Bilder. Er musste nach einem Schlaganfall später leider das Malen aufgeben und starb als gebrochener Mensch.

Caspar David Friedrich - Anmalen und weitergestalten beinhaltet prägnante Texte und hochwertige Abbildungen. Alle Aufgaben, die sich in jedes Format sofort kopieren lassen, sind sorgfältig ausgewählt und erprobt. Sie können chronologisch als Reihe oder beliebig einzeln als Haupt-, Ergänzungs-, Vertiefungs- oder Nebenthema in allen Kunstunterrichtsformen inner- und außerschulisch eingesetzt werden. Auf Grund ihres hohen Selbsterklärungs- und Aufforderungscharakters ist eine Unterrichtsvorbereitung (fast) nicht notwendig. Nach einer kurzen Einführung starten die Schülerinnen und Schüler. Hauptarbeitsmittel sind neben dem Bleistift die Farbstifte (Faser-, Filz- oder Buntstifte). Auf größeren Formaten kann mit Tuschfarben gearbeitet werden.

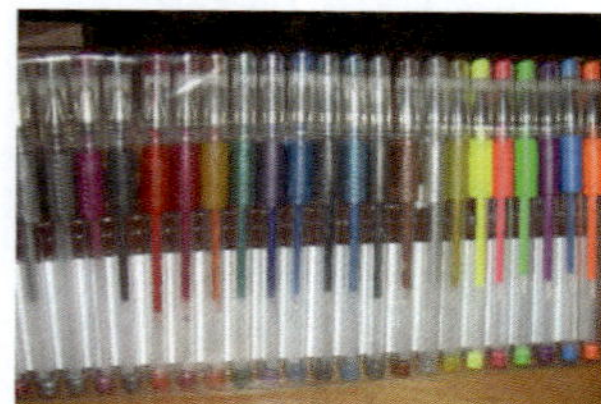
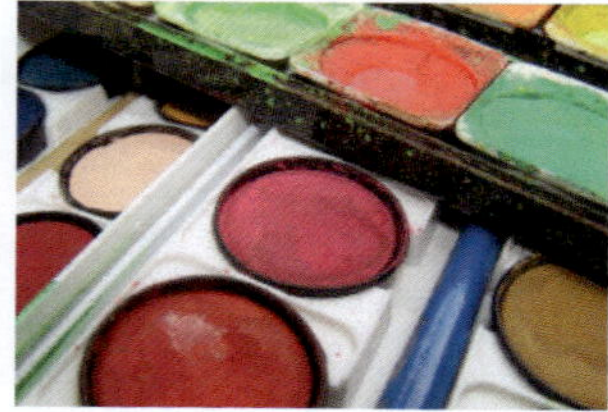
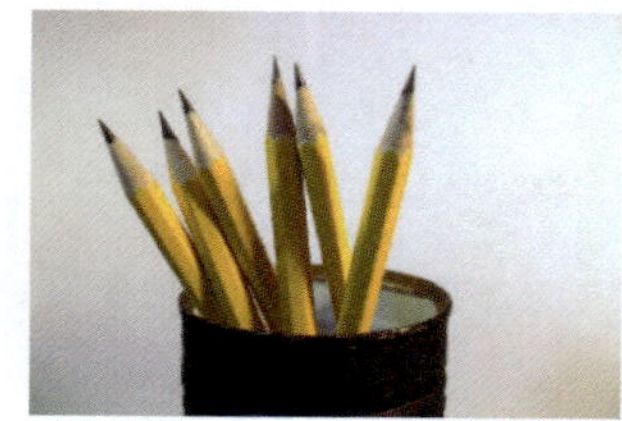
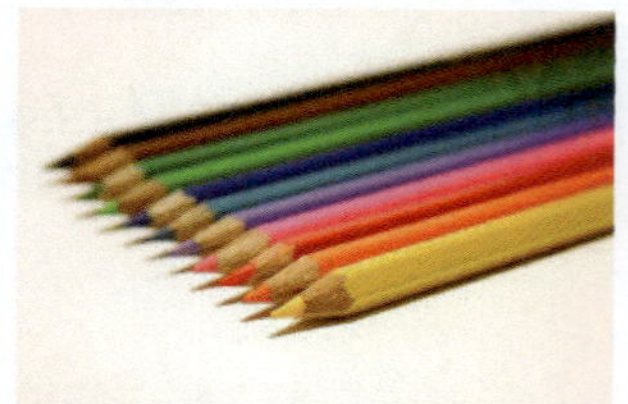

Viel Freude und Erfolg wünschen bei dem Einsatz des Schülerarbeitsbuchs und Kopiervorlagenwerks **Caspar David Friedrich - Anmalen und weitergestalten**

der Kohl-Verlag und Eckhard Beyer

Caspar David Friedrich

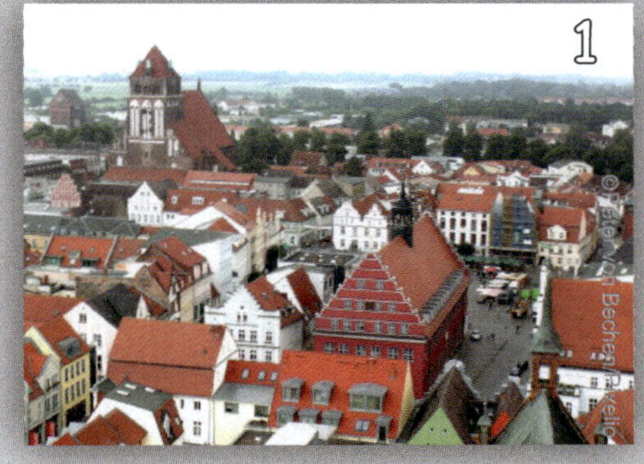

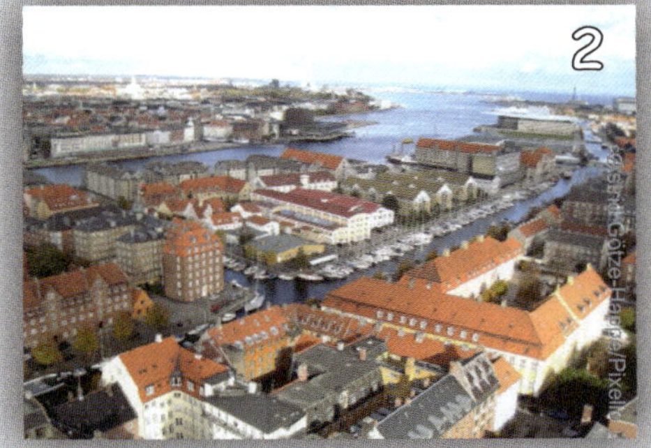

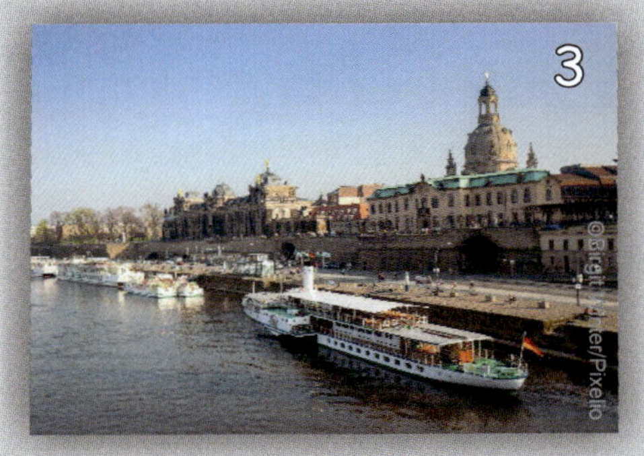

Caspar David Friedrich wurde in der Stadt Greifswald (Abbildung 1) am 5.9.1774 geboren. Streng wurden er und seine neun Geschwister erzogen. Sein Vater besaß eine Seifensiederei. **Schaue das Geschäfts- und Familienhaus der Friedrichs genau an und vergleiche es mit dem Haus, in dem du lebst.** Leider musste er Todesfälle in seiner Familie erleben: seine Mutter und zwei Schwestern.

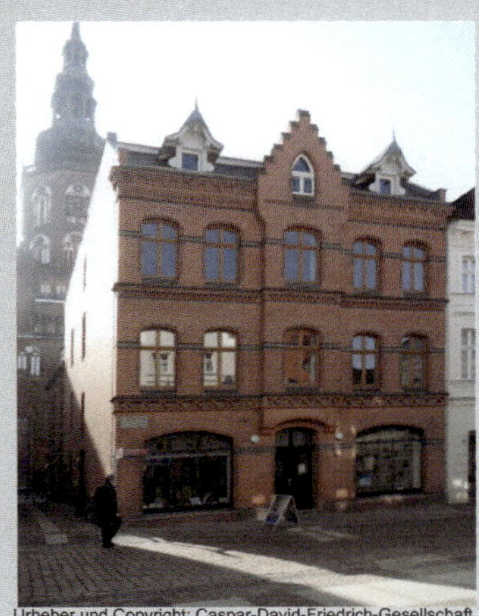
Urheber und Copyright: Caspar-David-Friedrich-Gesellschaft

Beim gemeinsamen Spielen auf dem Eis ertrank ein jüngerer Bruder.

Caspar David Friedrich verließ mit 20 Jahren Greifswald, um Kunst in Kopenhagen (Abb. 2) zu studieren. Danach wählte er als Wohn- und Arbeitsort Dresden (Abb. 3). Geld verdiente er sich mit Gelegenheitsarbeiten: Fremdenführung in der Stadt, Zeichenunterricht und kleine künstlerische Aufträge. Er reiste viel.

Nach und nach wurde er als Künstler bekannt. Einflussreiche Persönlichkeiten kauften seine Bilder, der preußische König und der russische Zar. Mit 44 Jahren war er vermögend. Er heiratete und hatte drei Kinder. Seine Liebe zur Natur zeigte er in vielen seiner Zeichnungen und Gemälde. Als er 1840 starb, war er fast vergessen. Erst viele Jahre später wurde er wieder bekannt. Seine Werke sind heute in vielen Museen zu sehen und gelten als sehr bedeutend in der Kunstgeschichte.

So schrieb er seinen Namen. **Setze deine Unterschrift dazu und vergleiche.**

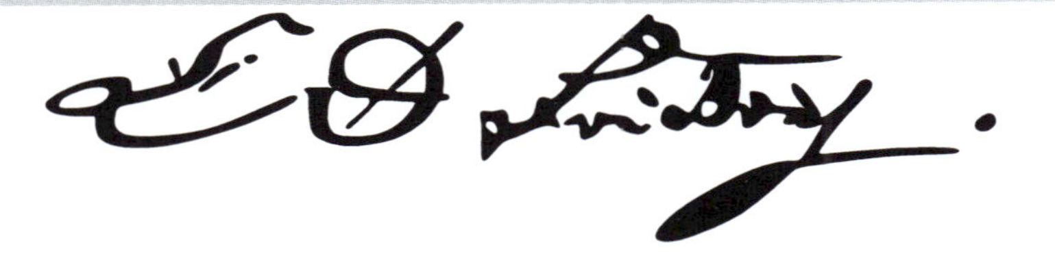

CASPAR DAVID FRIEDRICH
Anmalen und weitergestalten – Bestell-Nr. 11 939
KOHL VERLAG

Caspar David Friedrich malte und zeichnete mehrmals Porträts von sich. Hier siehst du ihn, wie er etwa 30 Jahre alt war. **Schaue ihn dir an und beschreibe ihn. Überlege, ob er heute ein anderes Aussehen hätte. Male das Porträt in Farben deiner Wahl an. Male dich mit Pinsel und Tuschfarben auf einem Zeichenblockblatt, wie du heute aussiehst und wie du mit etwa 30 Jahren aussehen könntest. Suche nach weiteren Porträts von Caspar David Friedrich im Internet und vergleiche sie, zum Beispiel auf www.wikipedia.de.**

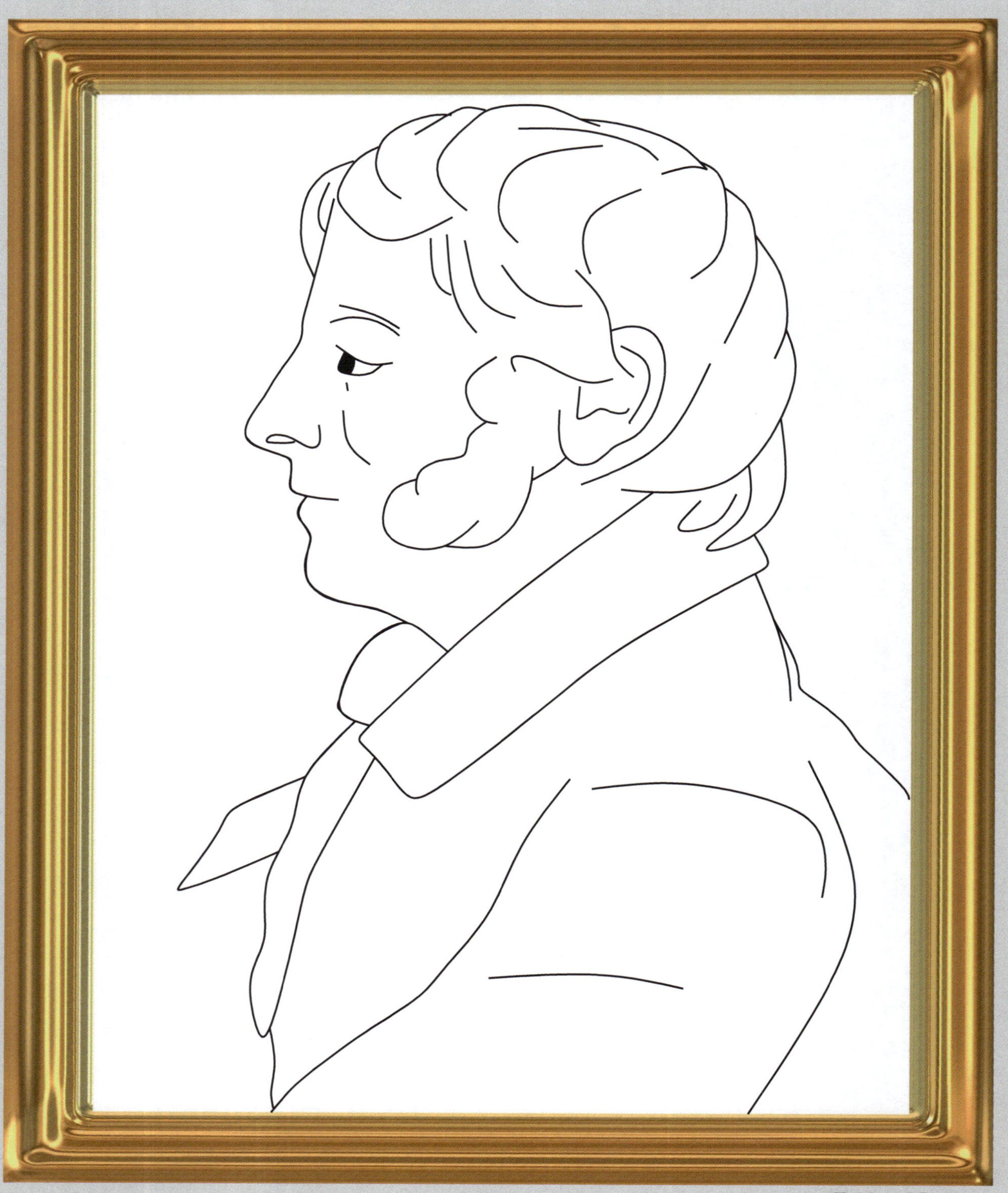

Eckhard Berger
www.teamberger.de

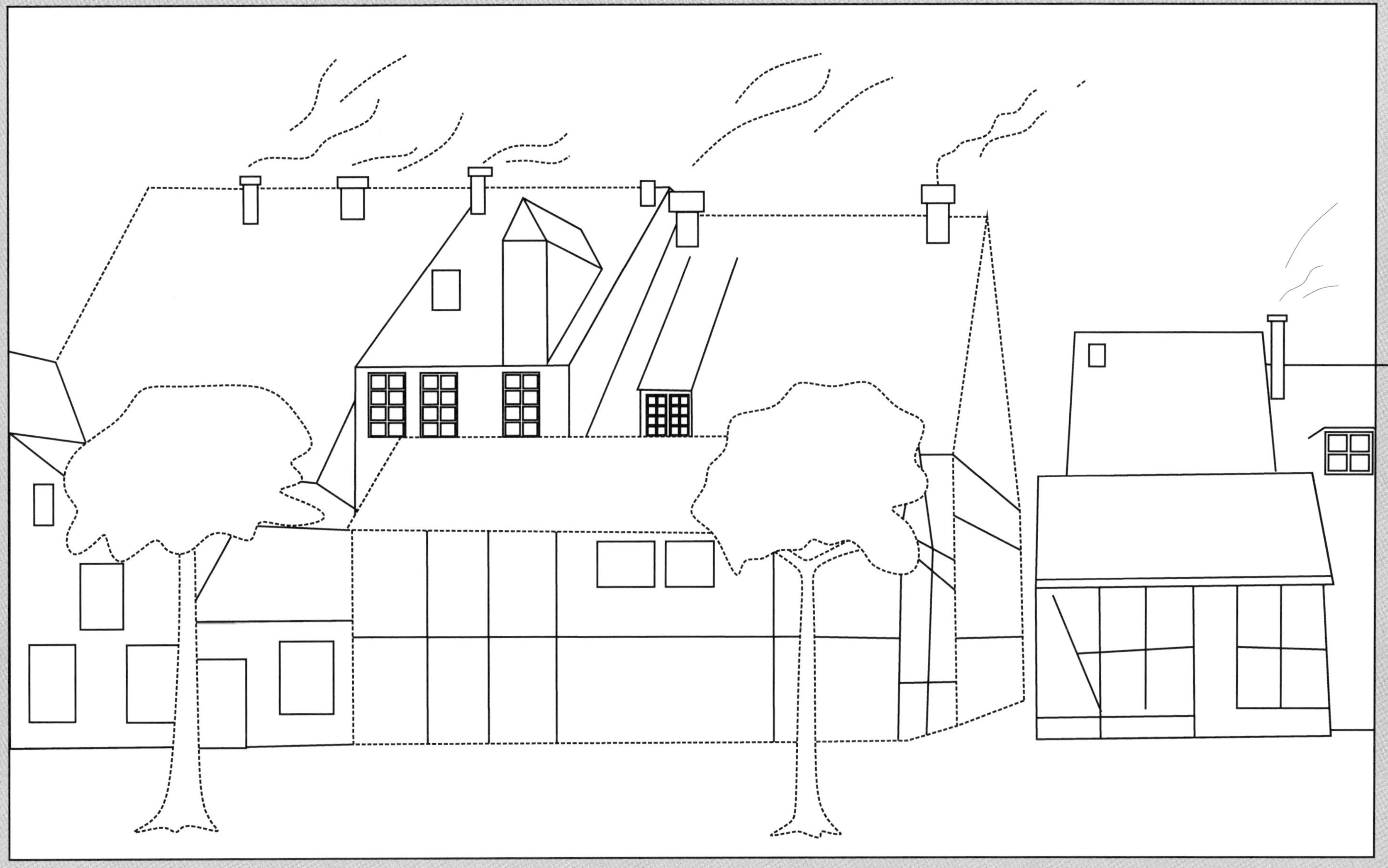

Hier siehst du Caspar David Friedrichs Geburtshaus in Greifswald. Es ist die Rückansicht aus dem Jahr 1844.

Zeichne die gestrichelten Linien nach und male es an.

Eckhard Berger
www.teamberger.de

Sein Freund und Kollege Georg Friedrich Kersting malte 1811 das Bild **Caspar David Friedrich in seinem Atelier.** Der Raum ist kahl und wirkt langweilig. Der Künstler ist in sich versunken. Er glaubte, dass er nur so malen könne. **Überlege, ob du in solch einem Raum malen könntest.**

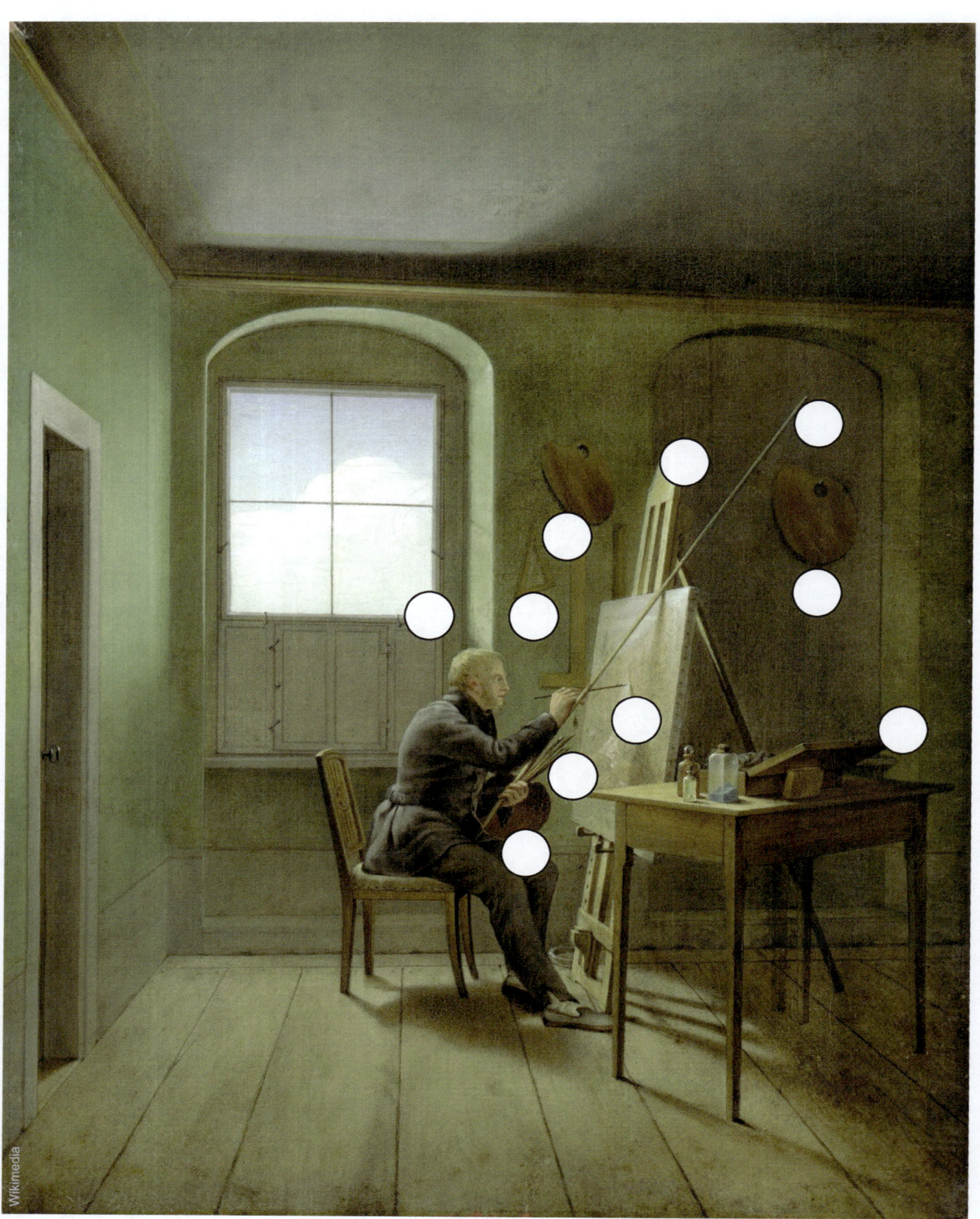

Nummeriere die Gegenstände: 1 = Staffelei, 2 = Fenster, 3 = Pinsel, 4 = Malstock, 5 = Farbkasten, 6 = Leinwand, 7 = Palette, 8 = Dreieck

Eckhard Berger
www.teamberger.de

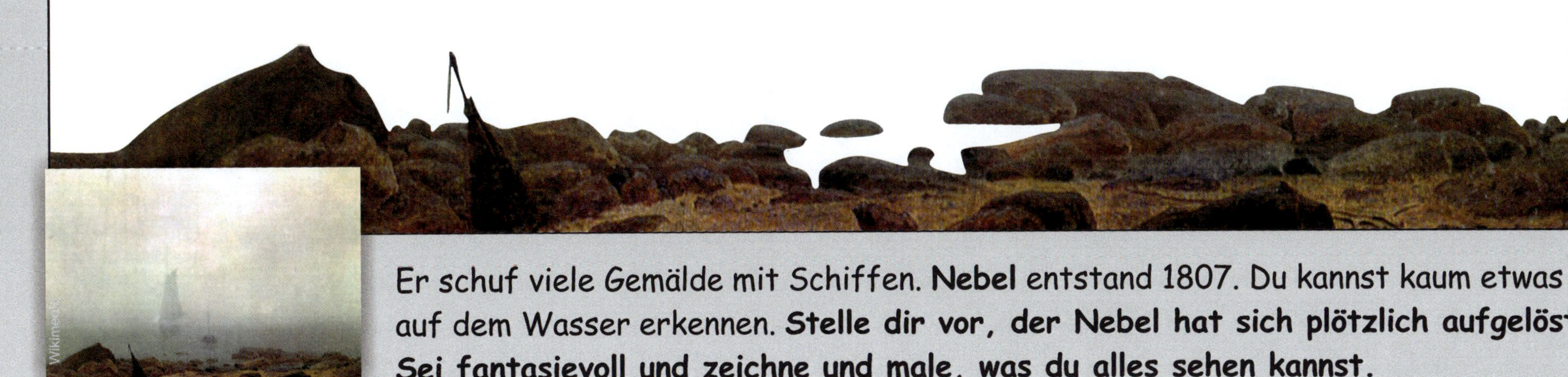

Er schuf viele *Gemälde* mit Schiffen. **Nebel** entstand 1807. Du kannst kaum etwas auf dem Wasser erkennen. **Stelle dir vor, der Nebel hat sich plötzlich aufgelöst. Sei fantasievoll und zeichne und male, was du alles sehen kannst.**

Eckhard Berger
www.teamberger.de

Caspar David Friedrich dachte oft in seinem Leben an den Tod. In dem traurig und gruselig wirkenden Bild „Abtei im Eichwald“ (1809-1810) hat er kleine Umrisse von Mönchen gemalt, die einen Sarg zu den Resten einer Ruine zwischen knorrigen blattlosen Bäumen tragen. Finde die Mönche. Wähle dann einen Baum aus und umfahre ihn mit einem schwarzen Fineliner. Male abschließend mit Pinseln und Tusche einen Wald mit knorrigen Bäumen auf einem Zeichenblockblatt.

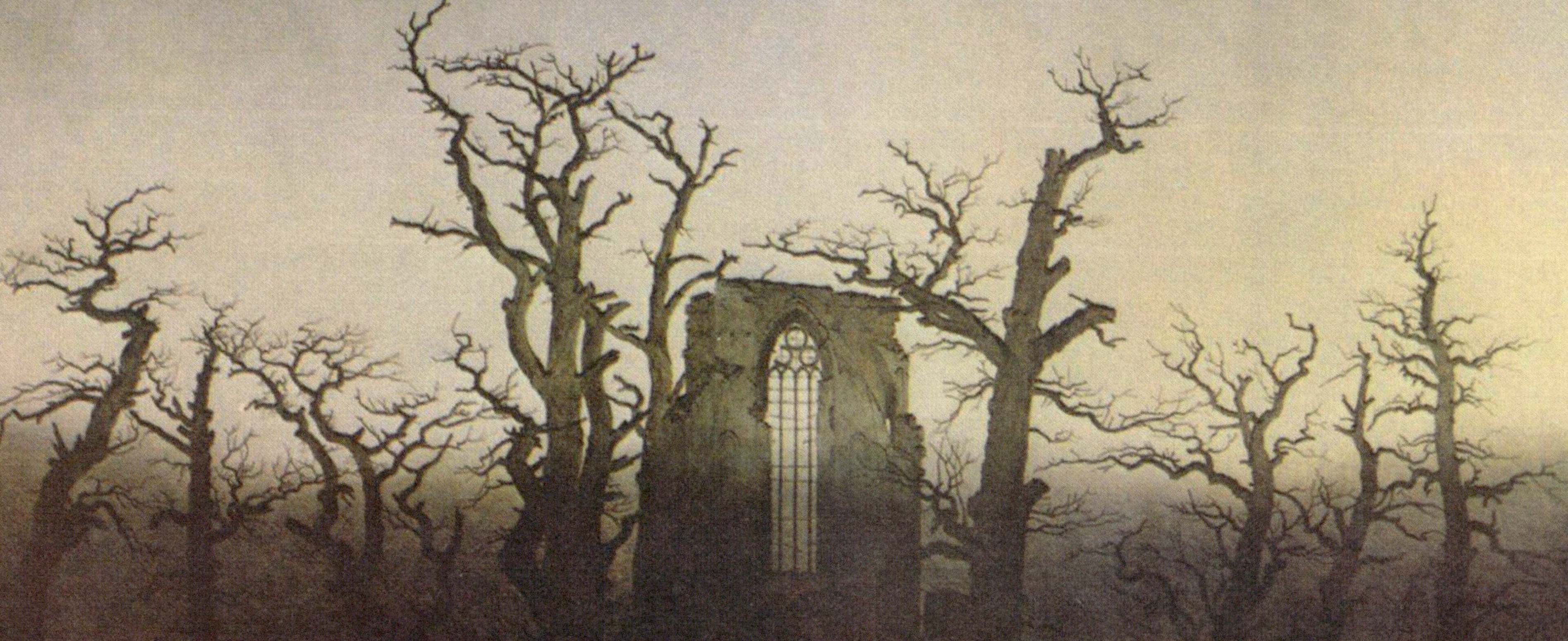

Wikimedia

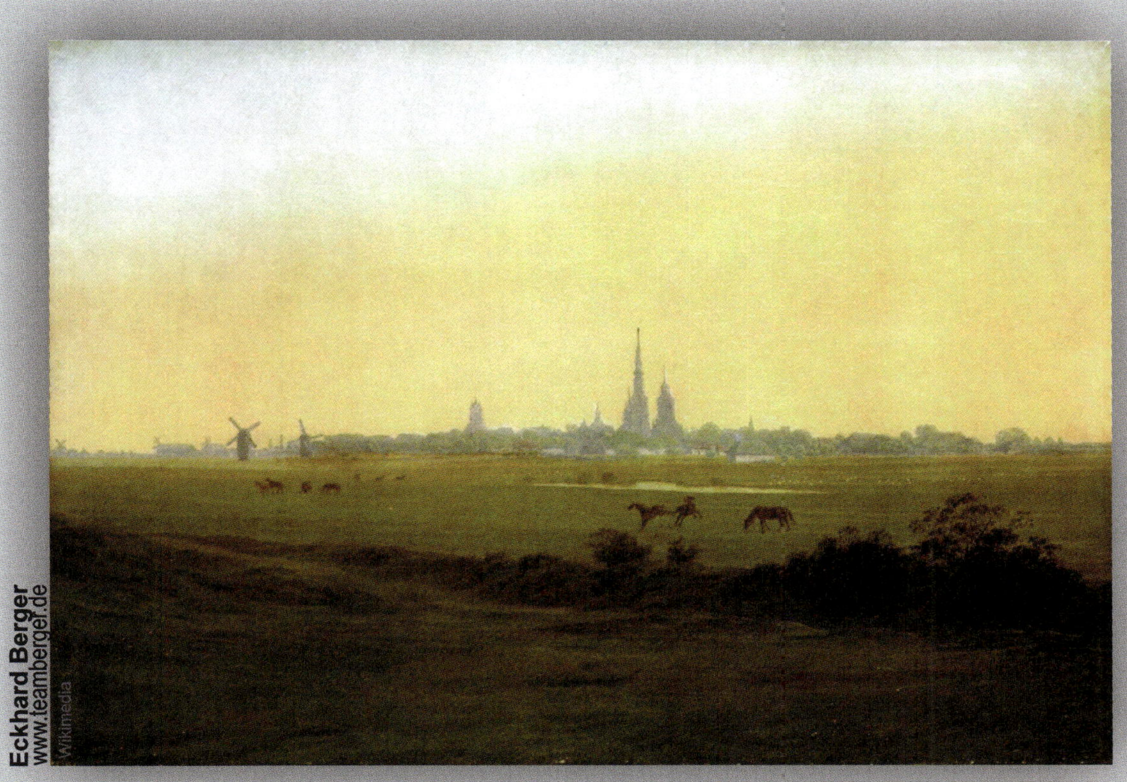

Eckhard Berger
www.teambergef.de
Wikimedia

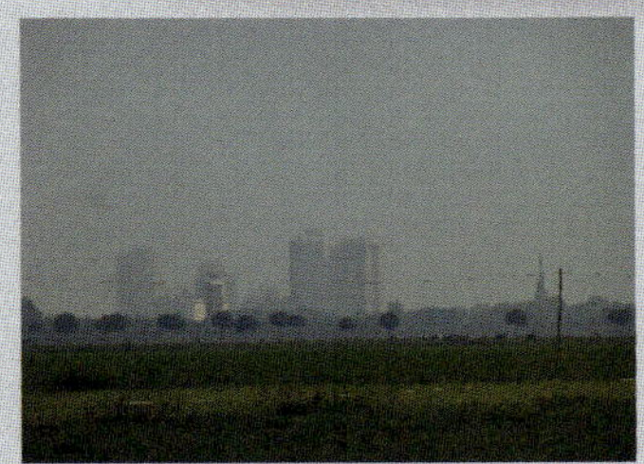

In dem Bild **Wiesen bei Greifswald** (1820-1822) zeigt er dir in weiter Ferne die Silhouette seines Geburtsortes Greifswald, in dem er bis zu seinem Kunststudium in Kopenhagen lebte. Links siehst du Brake, wo der Autor und Künstler Eckhard Berger wohnt und arbeitet. **Zeichne eine schwarze Silhouette eines typischen Gebäudes oder einer typischen Straße deines Wohnortes ( ).**

KOHL VERLAG Lernen mit Erfolg
CASPAR DAVID FRIEDRICH – Anmalen und weitergestalten – Bestell-Nr. 11 939

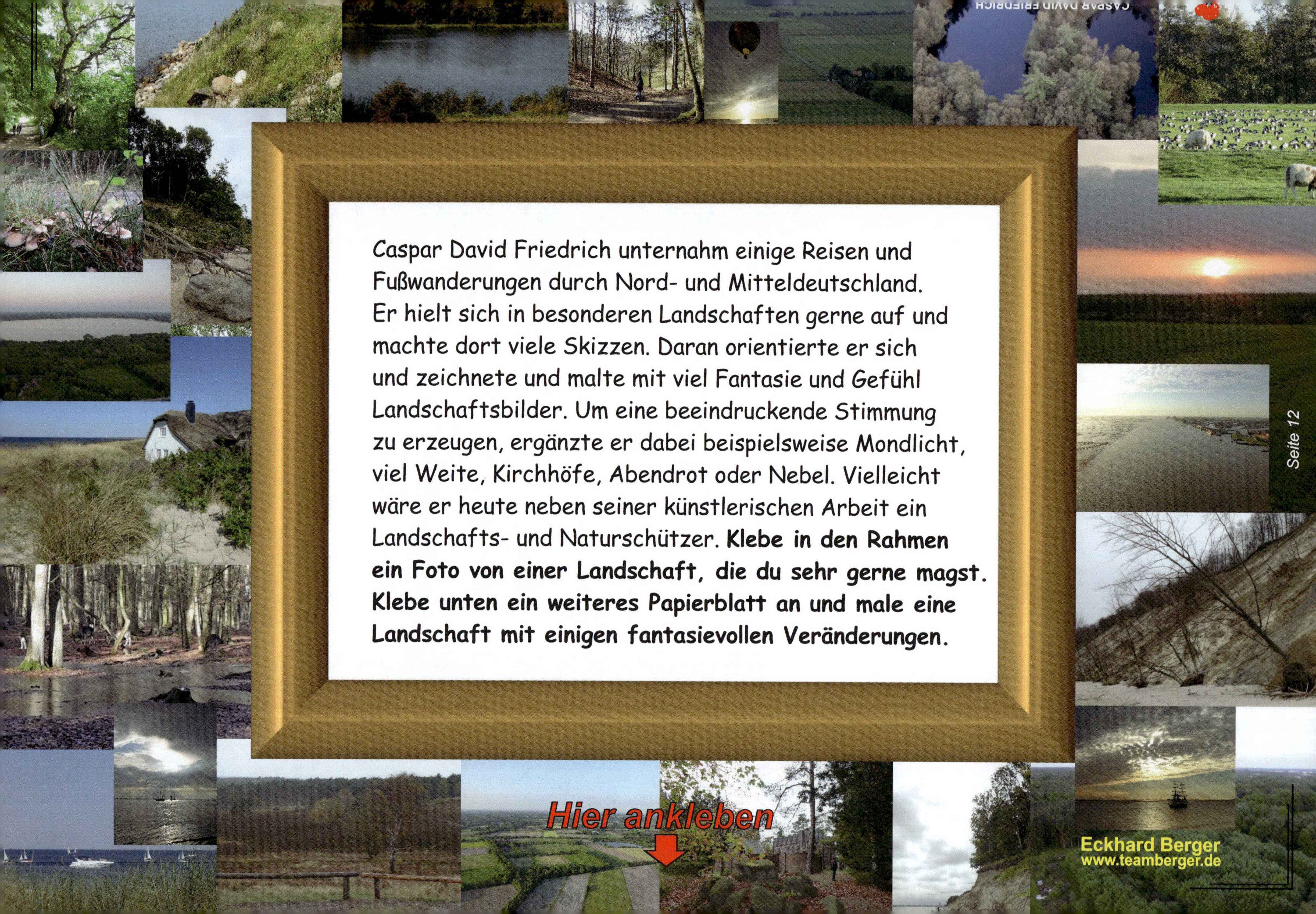

Caspar David Friedrich unternahm einige Reisen und Fußwanderungen durch Nord- und Mitteldeutschland. Er hielt sich in besonderen Landschaften gerne auf und machte dort viele Skizzen. Daran orientierte er sich und zeichnete und malte mit viel Fantasie und Gefühl Landschaftsbilder. Um eine beeindruckende Stimmung zu erzeugen, ergänzte er dabei beispielsweise Mondlicht, viel Weite, Kirchhöfe, Abendrot oder Nebel. Vielleicht wäre er heute neben seiner künstlerischen Arbeit ein Landschafts- und Naturschützer. **Klebe in den Rahmen ein Foto von einer Landschaft, die du sehr gerne magst. Klebe unten ein weiteres Papierblatt an und male eine Landschaft mit einigen fantasievollen Veränderungen.**

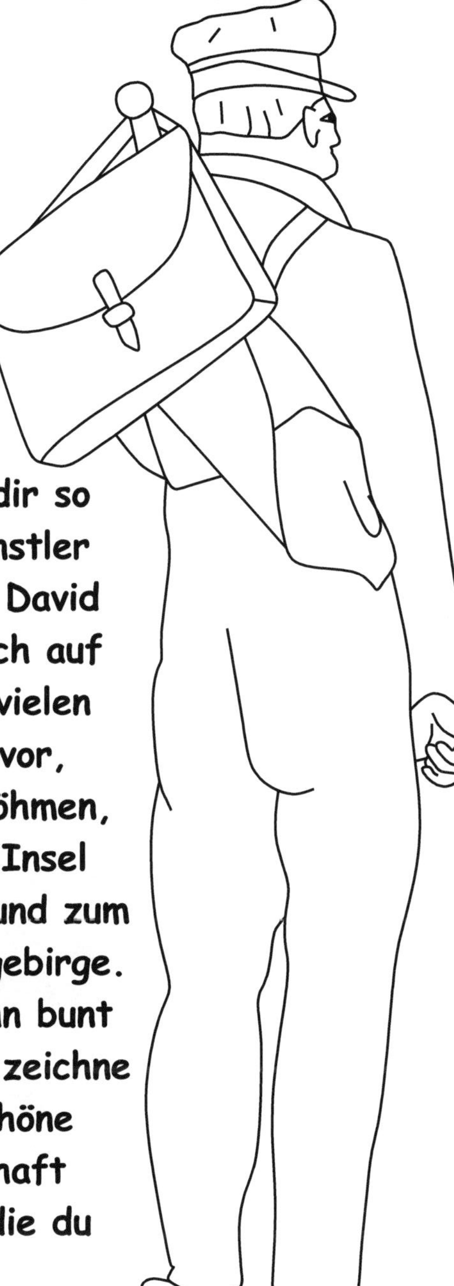

Stelle dir so den Künstler Caspar David Friedrich auf seinen vielen Reisen vor, nach Böhmen, zu der Insel Rügen und zum Riesengebirge. Male ihn bunt an und zeichne eine schöne Landschaft dazu, die du kennst.

Eckhard Berger
www.teamberger.de

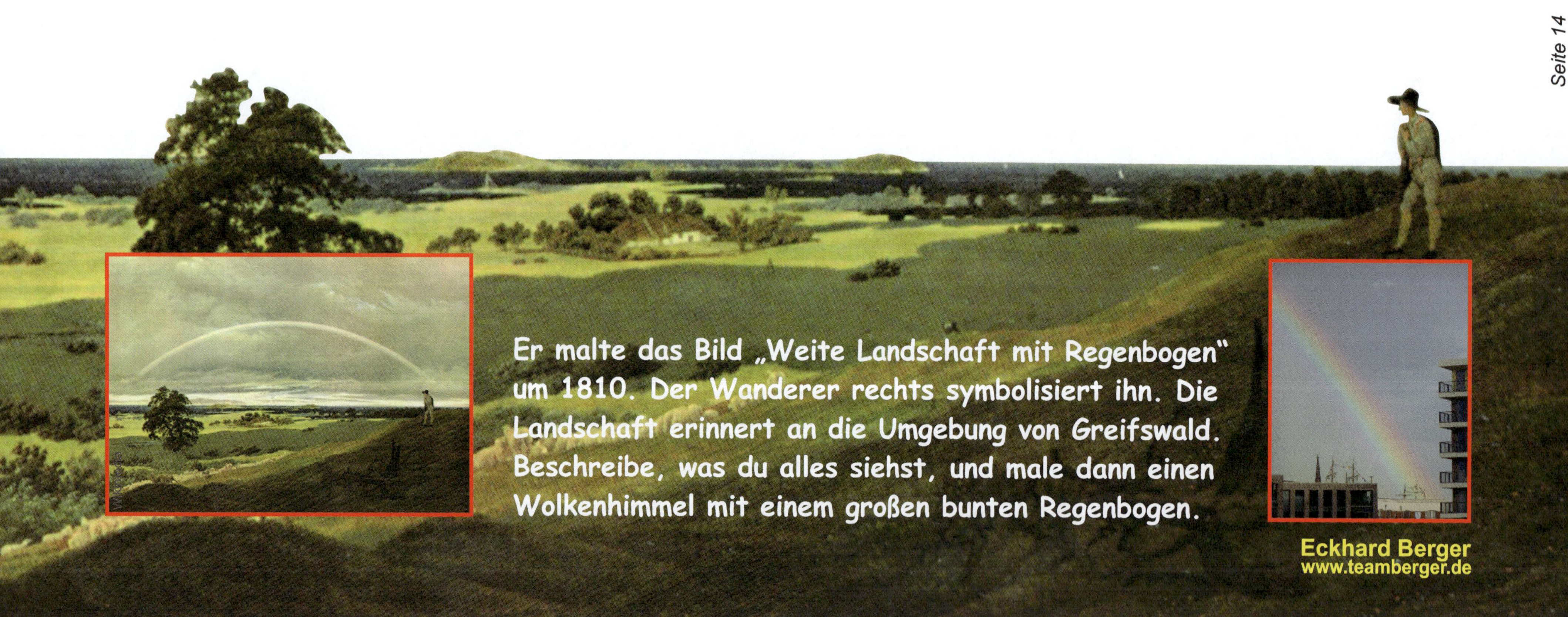

Er malte das Bild „Weite Landschaft mit Regenbogen“ um 1810. Der Wanderer rechts symbolisiert ihn. Die Landschaft erinnert an die Umgebung von Greifswald. Beschreibe, was du alles siehst, und male dann einen Wolkenhimmel mit einem großen bunten Regenbogen.

Eckhard Berger
www.teamberger.de

Frau vor der untergehenden Sonne (um 1818) ist ein Rückenbild, weil eine Frau von hinten zu sehen ist. Caspar David Friedrich hatte Schwierigkeiten, Menschen zu malen. Sein Freund Georg Friedrich Kersting zeichnete sie ihm anfangs oft vor. Später entschied sich Friedrich, sie von hinten zu malen. **Zeichne in den Umriss die Frau von vorne und male das Bild an.**

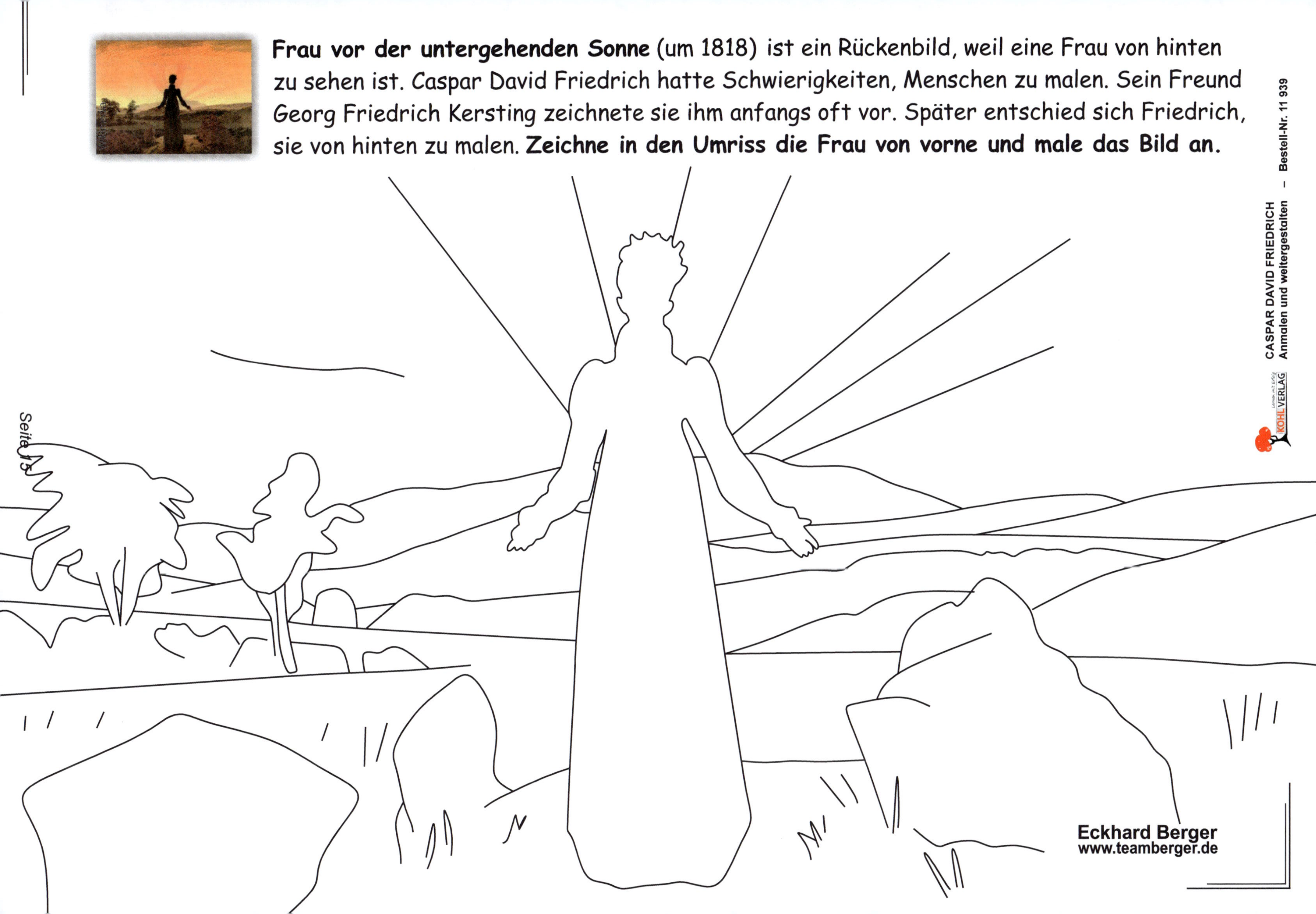

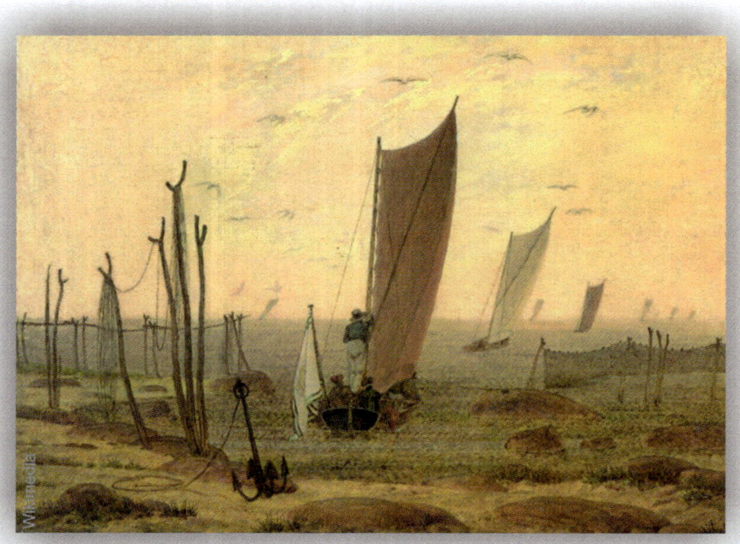

Caspar David Friedrich malte das Kunstwerk **Morgen (Ausfahrt der Boote)** um 1816 bis 1818, weil er wie auch Eckhard Berger immer wieder von Booten und Schiffen fasziniert war. Sie erinnerten ihn an seine Heimatstadt Greifswald.

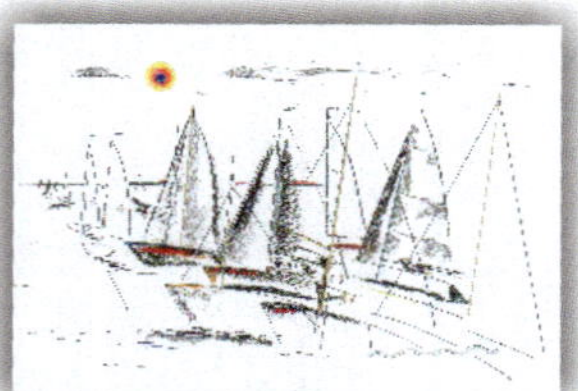

Eckhard Berger
Segelregatta 2008

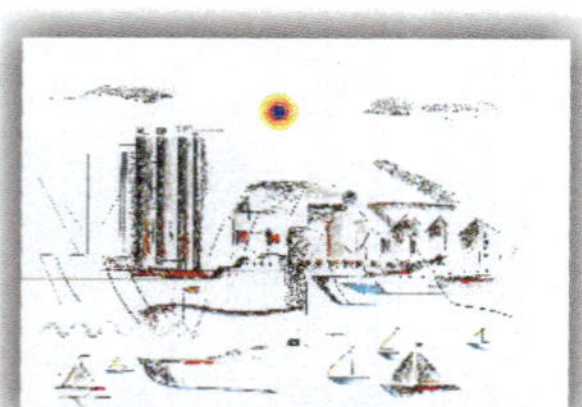

Eckhard Berger
Hafen 2008

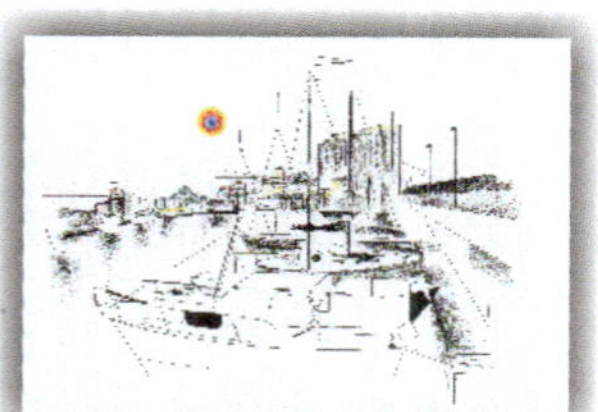

Eckhard Berger
Binnenhafen 2008

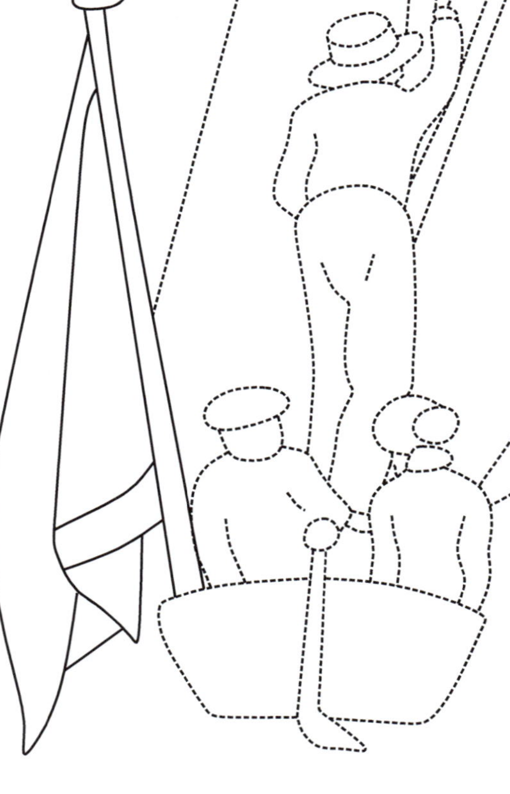

Beschreibe das Bild. Zeichne das Boot auf den Strichlinien weiter und male es an.

Eckhard Berger
www.teamberger.de

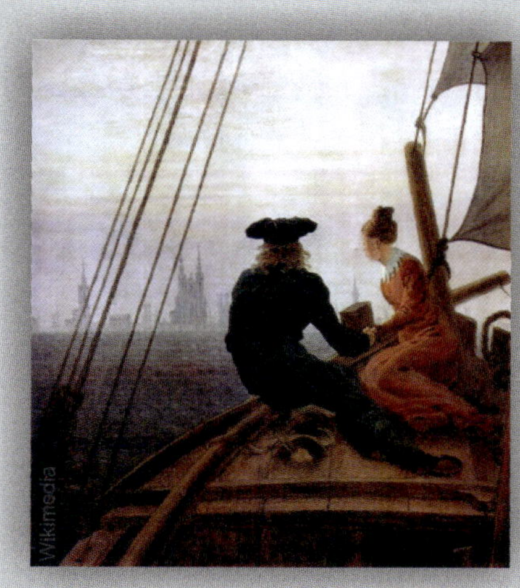

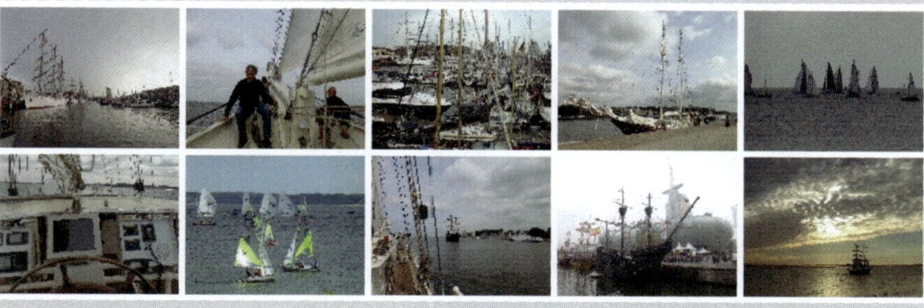

Caspar David Friedrich malte oft Segelboote und Segelschiffe mit und ohne Menschen. **Male das Bild „Auf dem Segler" (1818) an.**

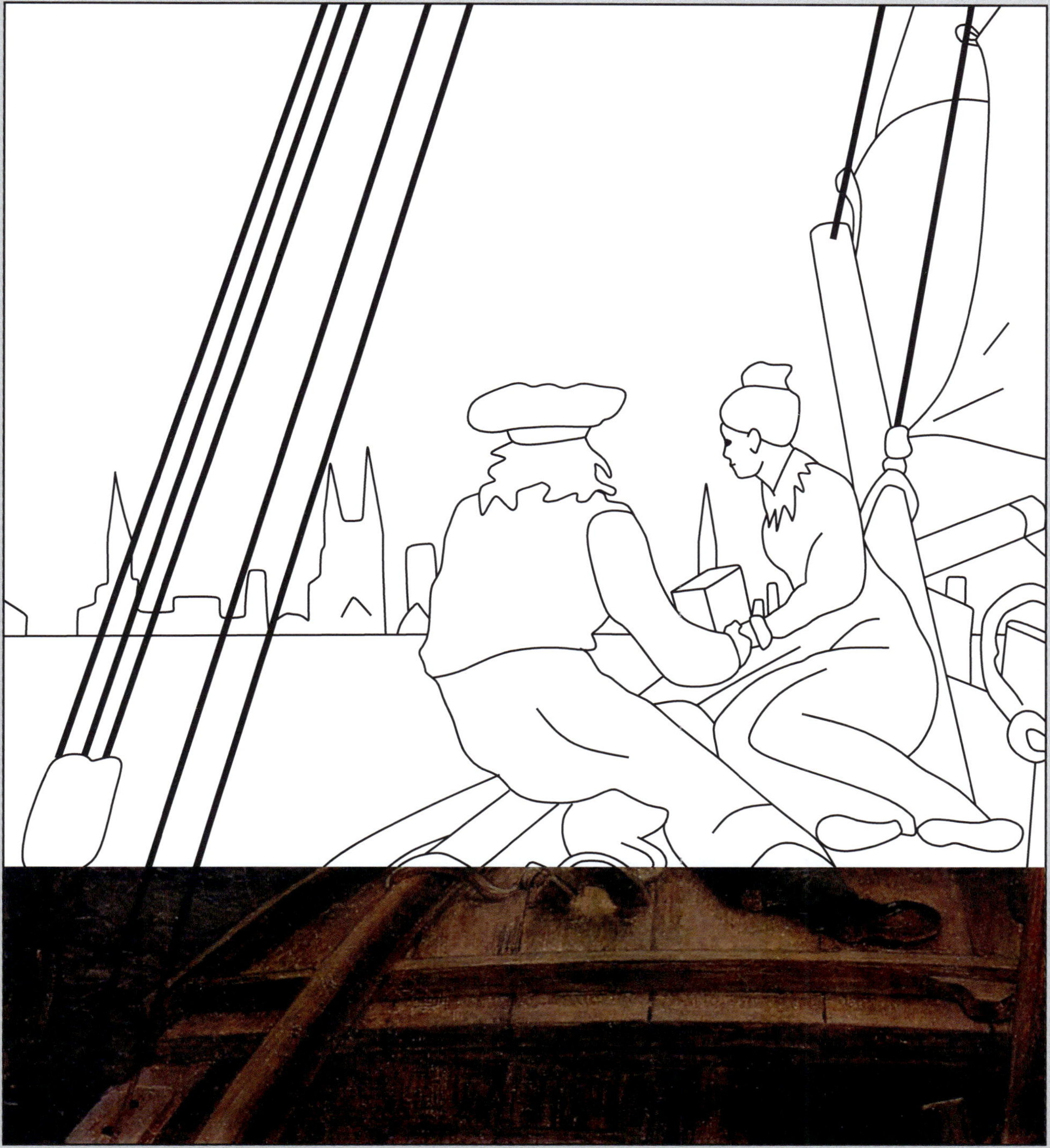

Eckhard Berger
www.teamberger.de

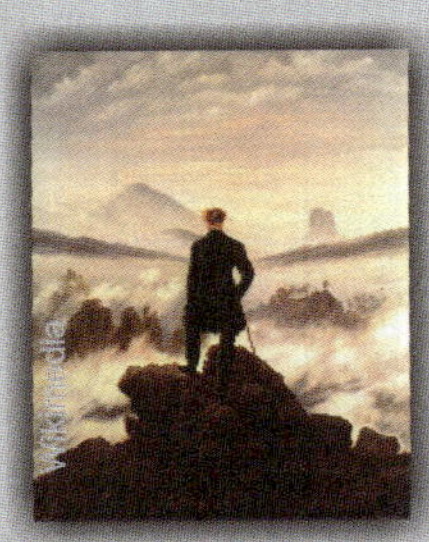

In dem Bild **Wanderer über dem Nebelmeer** (um 1818) zeigt Caspar David Friedrich auf einem Felsvorsprung einen Wanderer, der in Gedanken versunken die einmalige Natur bewundert. **Zeichne in dem Bild unten ein anderes Stück Natur, vor dem der Wanderer gerade steht.**

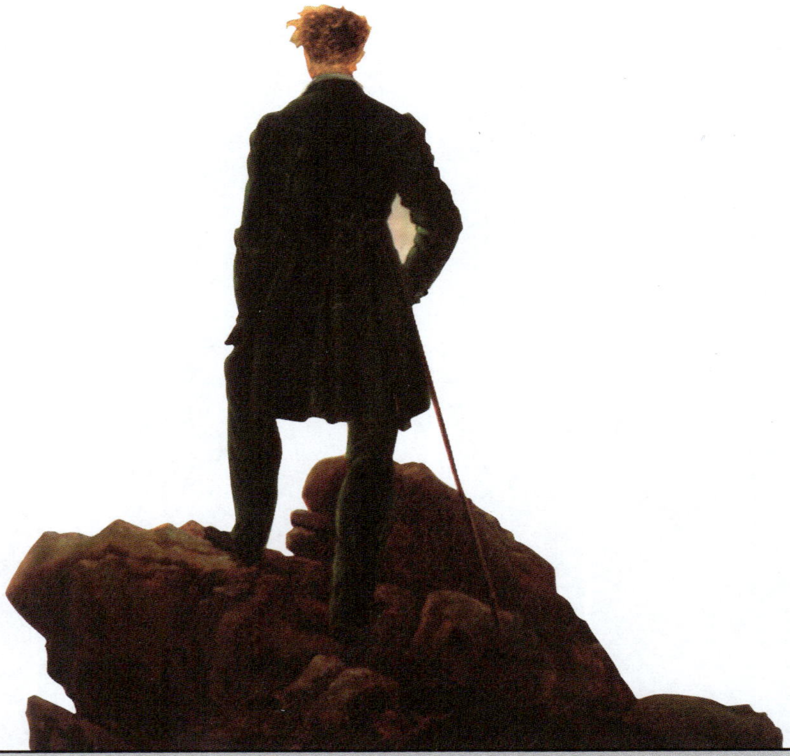

Eckhard Berger
www.teamberger.de

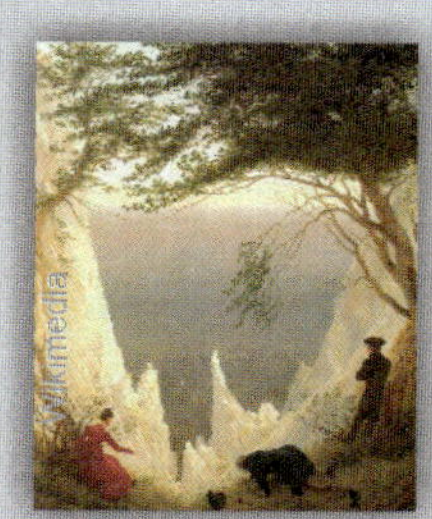

Er heiratete Caroline Brommer und machte mit ihr eine Hochzeitsreise zu den Kreidefelsen der Ostseeinsel Rügen. **Beschreibe das berühmte Bild „Kreidefelsen auf Rügen“ und male es mit Farben deiner Wahl über.**

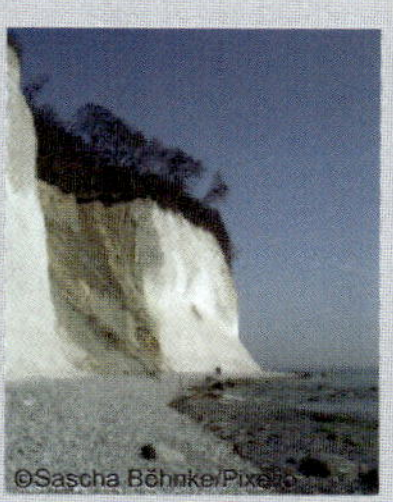

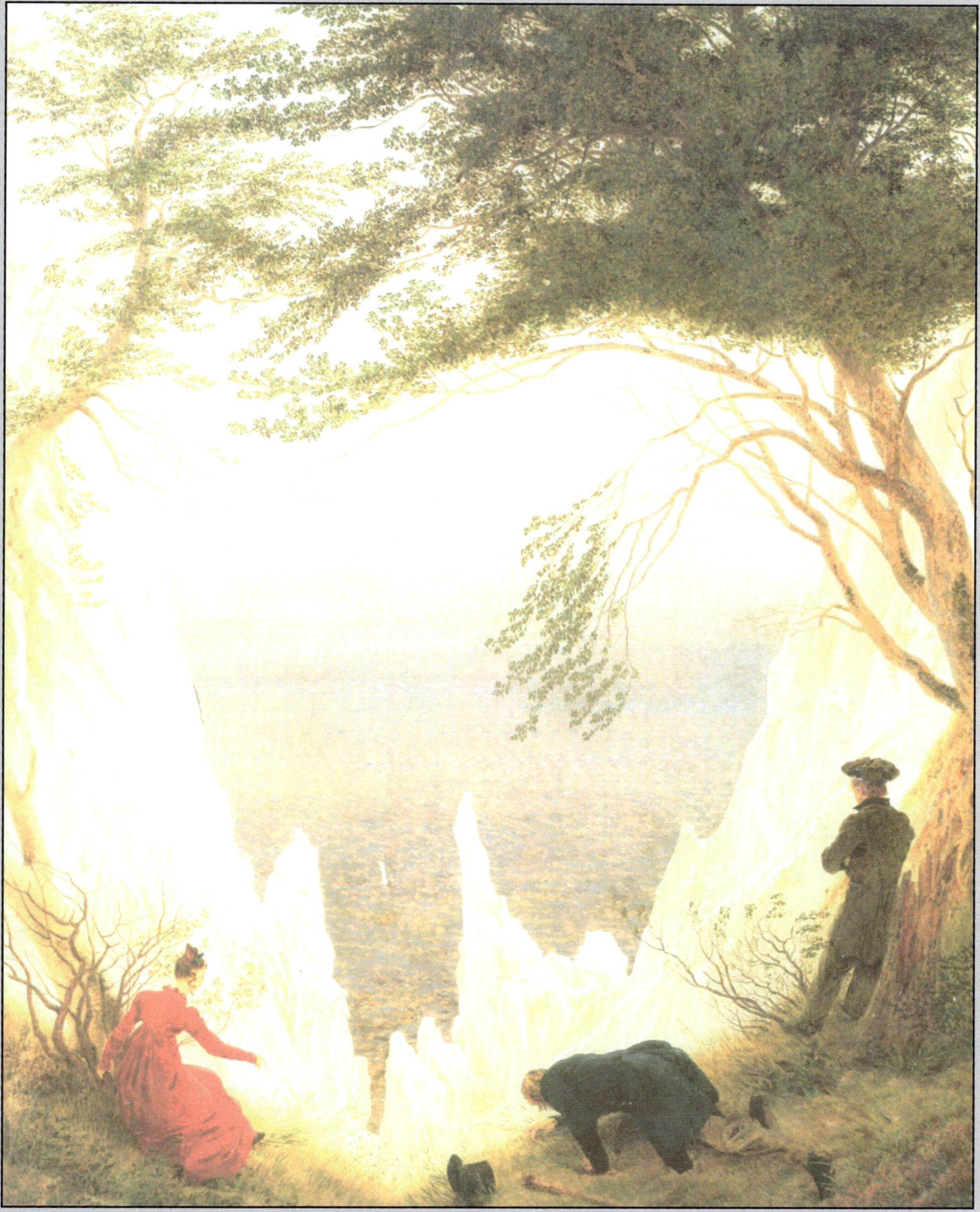

Caspar David Friedrich **Kreidefelsen auf Rügen** um 1811

Eckhard Berger
www.teamberger.de

Caspar David Friedrich malte vier Jahre nach seiner Hochzeit das Bild **Frau am Fenster** (1822). Seine Frau Caroline schaut vom Fenster auf die Elbe in Dresden.
Gestalte das Bild farbig weiter.

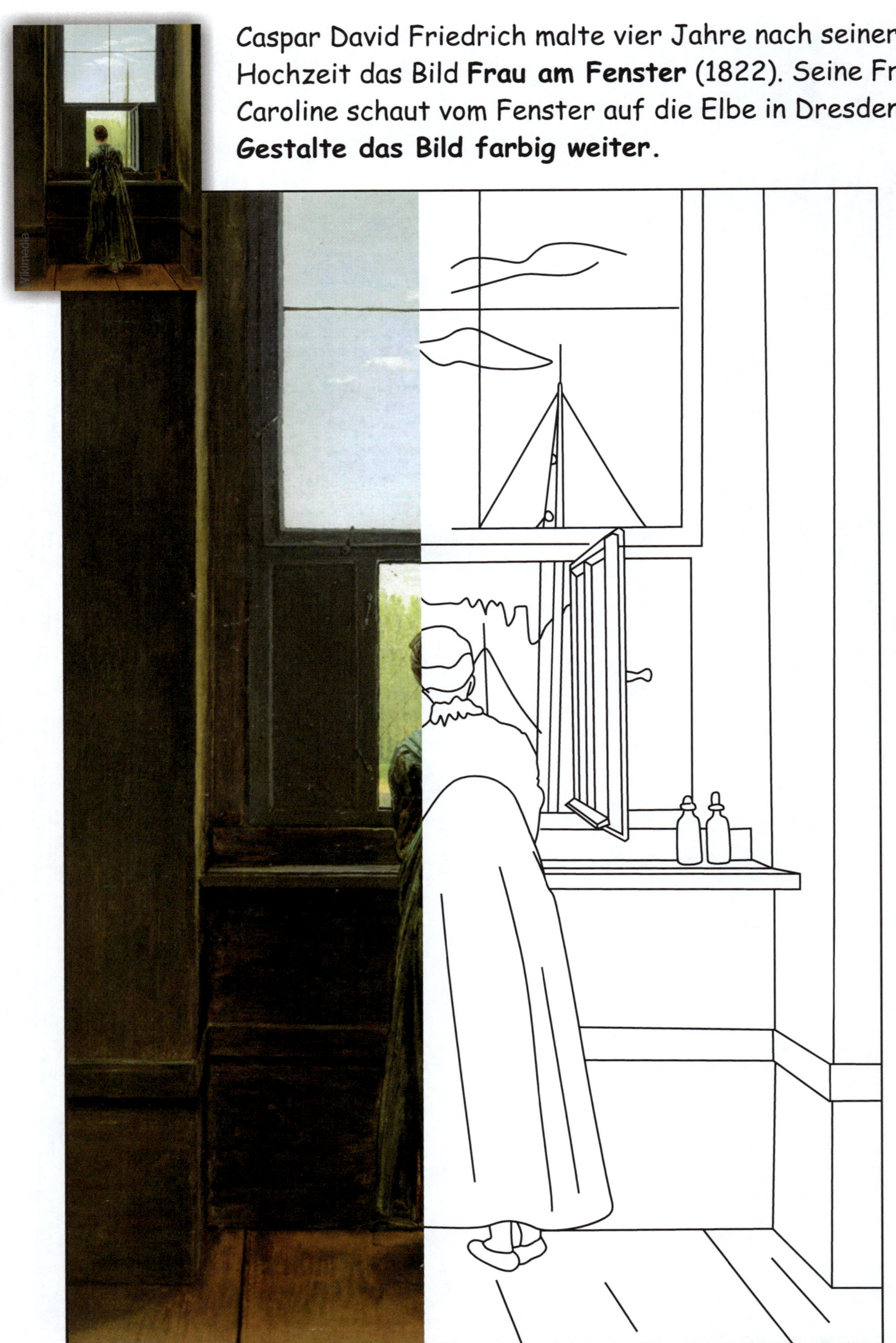

Eckhard Berger
www.teamberger.de

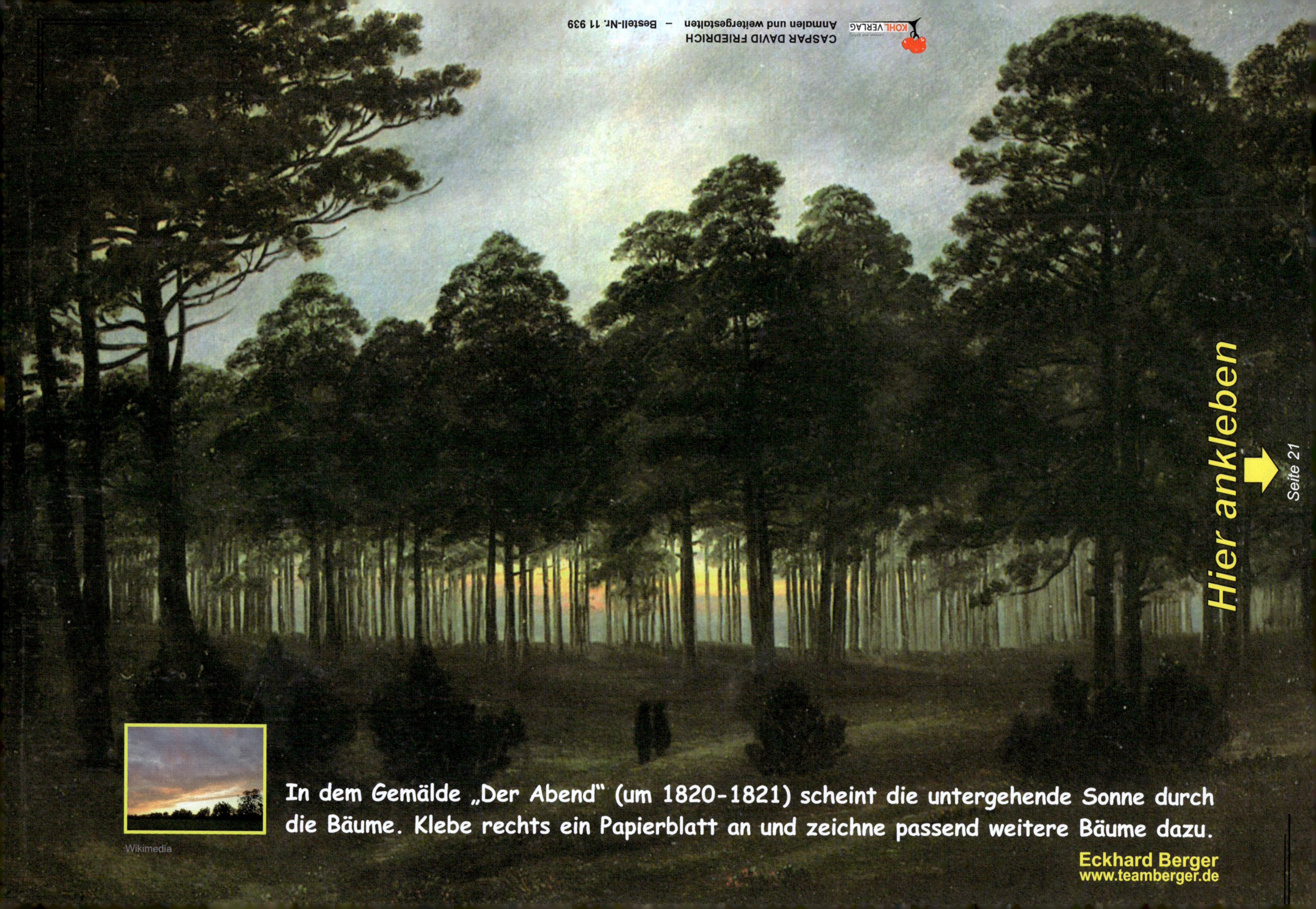

Wikimedia

In dem Gemälde „Der Abend" (um 1820-1821) scheint die untergehende Sonne durch die Bäume. Klebe rechts ein Papierblatt an und zeichne passend weitere Bäume dazu.

Eckhard Berger
www.teamberger.de

Hier ankleben

Seite 21

KOHL VERLAG CASPAR DAVID FRIEDRICH Anmalen und weitergestalten – Bestell-Nr. 11 939

Caspar David Friedrich hatte möglicherweise spannende Berichte über eine von 1819 bis 1820 durchgeführte Polarexpedition des britischen Admirals und Forschers William Edward Parry gelesen. Danach und aus der Fantasie malte er 1824 das Bild **Das Eismeer (Die gescheiterte Hoffnung). Du lernst es kennen, indem du alle Teile mit der Schere ausschneidest, auf eine feste Unterlage klebst (Pappe oder Karton) und dann wie ein Puzzle zusammenlegst.**

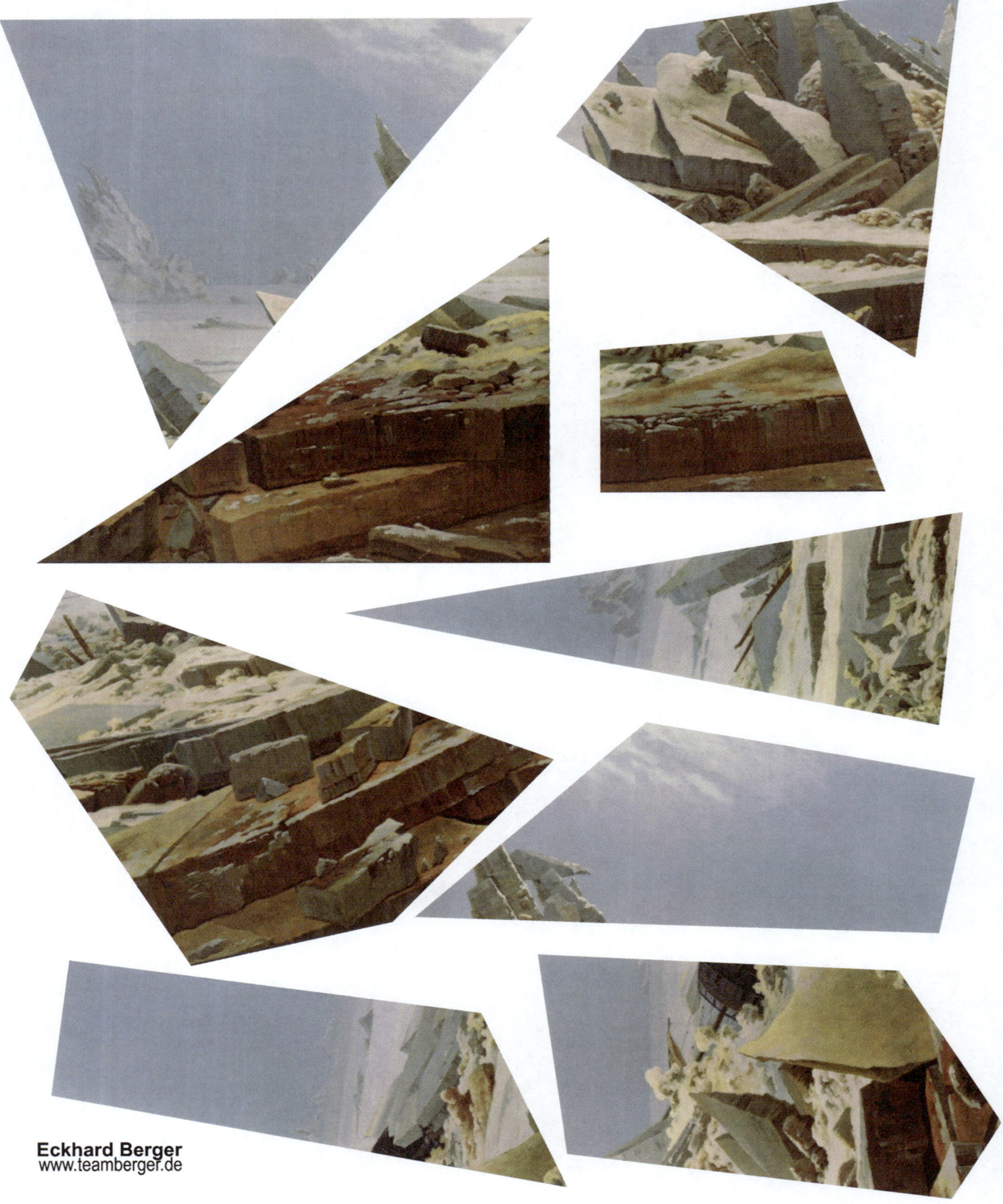

Eckhard Berger
www.teamberger.de

Wikimedia

Hierhin reiste Caspar David Friedrich und schuf das Bild „Landschaft im Charakter des böhmischen Mittelgebirges“ (um 1830-1835). Zeichne die Strichlinien nach und male alles an. Beachte, dass die Bergketten hinten zunehmend heller sein müssen.

Eckhard Berger
www.teamberger.de

Caspar David Friedrich malte das Meisterwerk **Die Lebensstufen** vermutlich 1835 vor seinem Schlaganfall. Die Menschen stehen für die vier Stufen des Lebens: Friedrichs Kinder für die Kindheit①, seine junge Frau für die Jugend ②, der Mann mit dem Zylinder für die Reife ③ und der Greis, der Künstler selbst, für das Alter④. **Schreibe die richtigen Zahlen in die Kreise im Bild.**

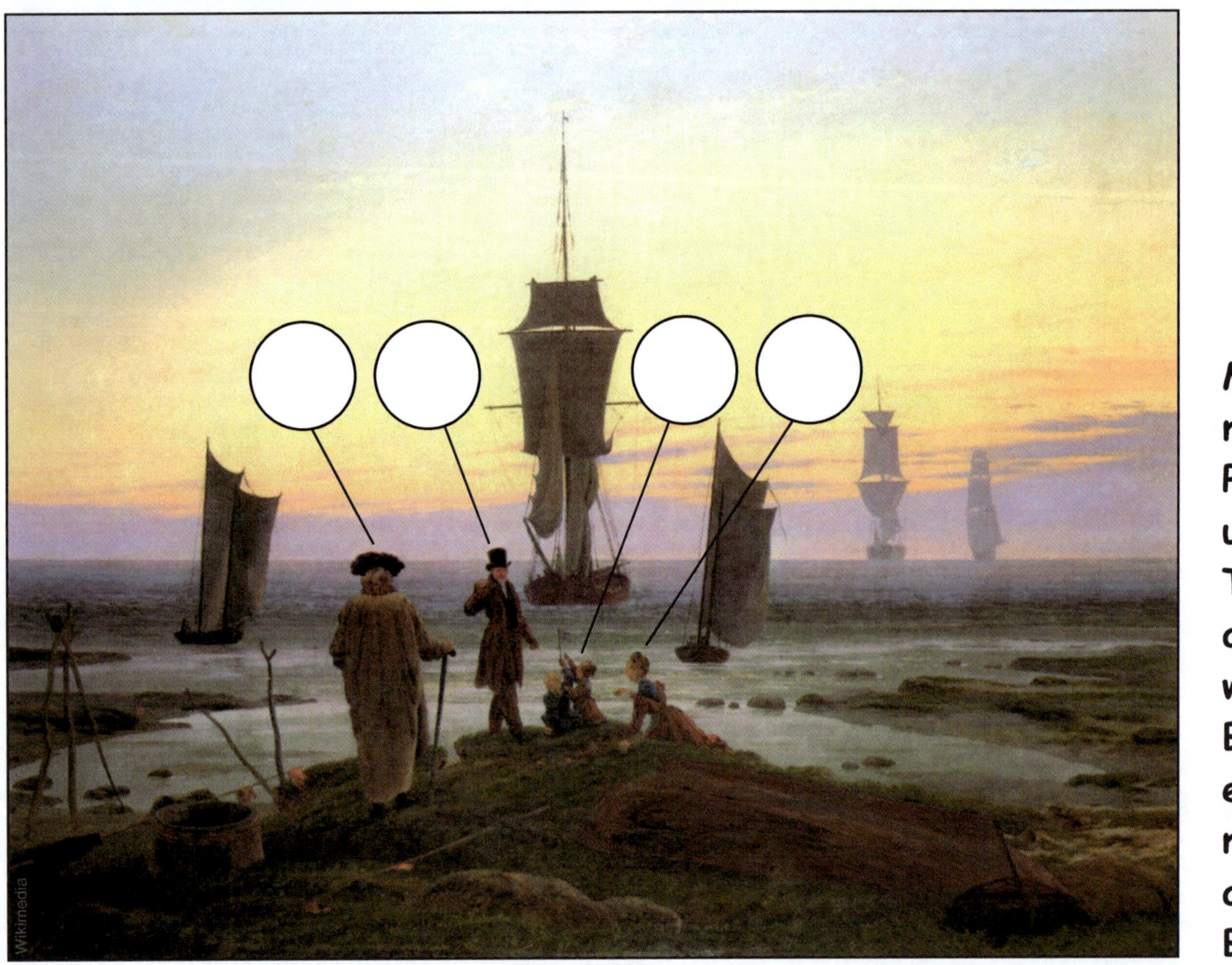

Hole deine Farbstifte und male dann den Künstler an.

Male mit Pinseln und Tusche auf einem weiteren Blatt Papier ein Meer mit Schiffen aus diesem Bild.

Eckhard Berger
www.teamberger.de

Eckhard Berger
www.teamberger.de

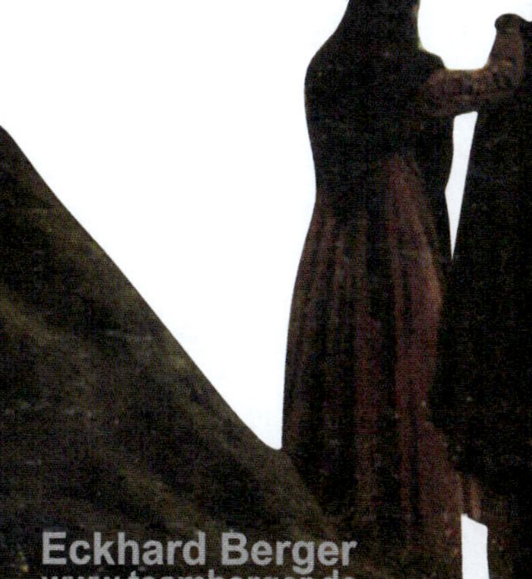

Male einen
neuen Hintergrund
mit Mond zu seinem Bild
„Mann und Frau den Mond
betrachtend“ (um 1830-1835).

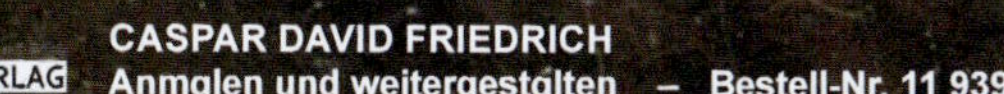

Weitere Informationen über Caspar David Friedrich

Caspar David Friedrich wurde am 5.9.1774 in der kleinen Stadt Greifswald nahe der Ostsee geboren. Er war das sechste Kind und hatte noch neun Geschwister.

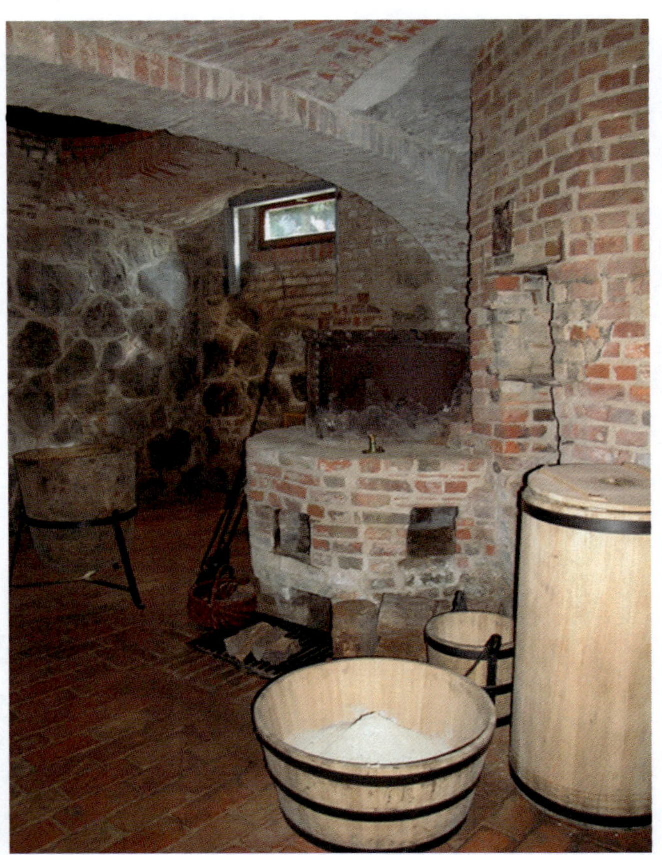

Urheber und Copyright Caspar-David-Friedrich-Gesellschaft

Sein Vater Friedrich Adolph Gottlieb war Kerzenmacher und betrieb eine Seifensiederei (Foto). Auch war er später ein erfolgreicher Kaufmann. Caspar David wuchs im Elternhaus in Greifswald in der Langen Gasse auf.

Er war sieben Jahre alt, als seine Mutter Sophie Dorothea starb. Die ältere Schwester Dorothea wurde Muttterersatz und die Wirtschafterin „Mutter Heiden“ versorgte den Haushalt. Seine Erziehung war wie bei vielen Kindern im protestantischen Norden Deutschlands streng und spartanisch und hatte auf ihn einen bleibenden Einfluss.

Der Tod von drei Geschwistern waren weitere schreckliche Erlebnisse. Zwei Schwestern starben in kurzer Zeit hintereinander, die eine 1782 und die andere 1791. Sein jüngerer Bruder Christoffer ertrank 1787 beim gemeinsamen Schlittschuhlaufen. Neben der Trauer plagten Caspar David lange Zeit danach große Schuldgefühle. Er begann, sich immer wieder mit Gedanken zum Tod, zur Religion und zur Natur auseinanderzusetzen.

Um 1790 erhielt Caspar David beim Greifswalder Universitätsbaumeister und Zeichenlehrer Johann Gottfried Quistorp wöchentlich einige Stunden Unterricht im Zeichnen nach Modellen und nach der Natur. Seine ersten Landschaftsbilder entstanden. Auch erhielt er die ersten Kenntnisse über die barocke Kunst des 17. und 18. Jahrhunderts vermittelt.

1794 verließ er Greifswald und begann ein Studium an der Königlich Dänischen Kunstakademie in Kopenhagen. Zu Beginn kopierte er Handzeichnungen und Druckgrafiken anderer Künstler. Danach folgte das Zeichnen nach Abgüssen antiker Skulpturen. Malerei war kein Studienfach. Allerdings waren für ihn die Kopenhagener Gemäldesammlungen mit großen Beständen der Malerei der Niederlande ein wichtiges Anschauungsmaterial. Landschaftszeichnungen von der Umgebung entstanden. Auch musste er sich mit der menschlichen Gestalt in der antiken Kunst beschäftigen. Zwischendurch beklagte er die Strenge der Ausbildung: „Nicht unterwiesen zu sein, ist oft für begabte Menschen ein Glück. Das viele Lehren und Unterweisen ertötet nur zu leicht, wie schon gesagt, das Geistige im Menschen ...“

Nach dem Studium ließ Caspar David Friedrich sich nach Kurzaufenthalten in

Greifswald und Berlin in Dresden nieder. Diese Stadt war damals für sehr viele Künstler ein wichtiges Kunstzentrum. Sie war das Zentrum der romantischen Bewegung. Hier lebten Dichter, Gelehrte, Maler und Musiker.
Um 1800 wählte Caspar David Friedrich zunehmend romantische Motive von Ruinen, Mondlicht und Gräbern für seine Bilder. Er bevorzugte dabei zuerst Federzeichnungen mit Tusche und Aquarelle. Mit Motiven auf Sepiablättern verdiente er seinen Lebensunterhalt. Seine Kunden waren hauptsächlich in Dresden und in Pommern. Er sollte auch Zeichenlehrer bei einem polnischen Fürsten werden.
Von Dresden machte er längere Reisen zu Fuß nach verschiedenen Orten und Regionen, zum Beispiel nach Neubrandenburg und Rügen. Dabei entstanden zahlreiche Zeichnungen von Motiven bäuerlichen Lebens und Bilder von Verwandten. Im Sommer 1802 und 1803 machte er Wanderungen auf der Insel Rügen und entdeckte viele Motive.

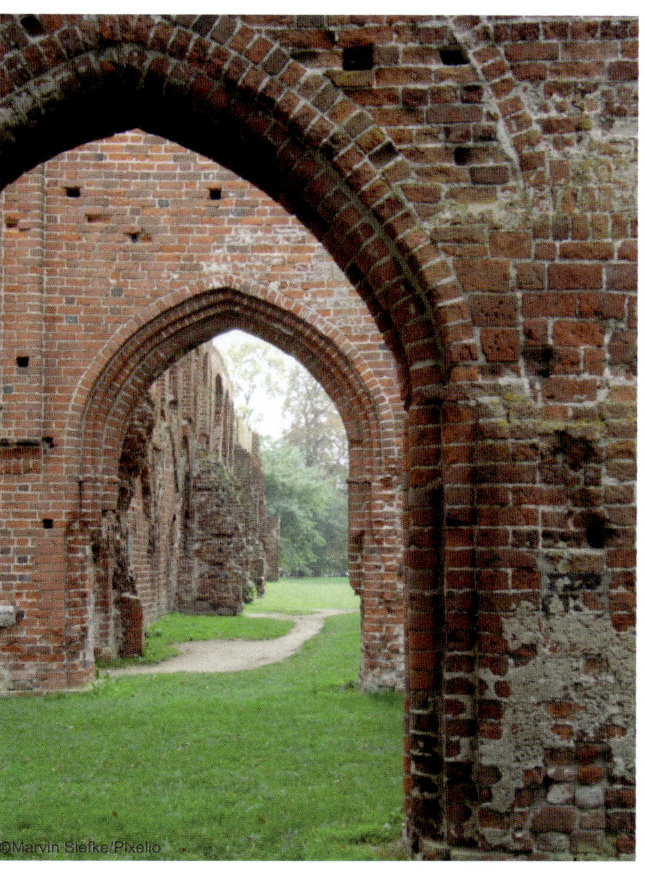
©Marvin Sietke/Pixelio

In Greifswald beschäftigte er sich besonders intensiv mit der Klosterruine Eldena (Foto), dem für ihn zentralen Inhalt als Symbol des Verfalls und des Todes. So malte er in diesem Zusammenhang auch seine eigene Beerdigung.
Um 1803 bis 1804 wurde er immer verschlossener und durchlebte schwere depressive Zeiten. Seine künstlerische Arbeit endete fast. Es gab Selbstmordversuche. Er soll versucht haben, sich mit einem Messer in den Hals zu schneiden. Die Krisen könnten durch eine unglückliche Liebesbeziehung zu Julia Stoye, einer Verwandten, ausgelöst worden sein.
1804 zeichnete er sie in einem Hochzeitskleid.
Nach Überwindung der Krisen hatte er 1805 seinen erster bedeutenden künstlerischer Erfolg. Ihm wurde von den Kunstfreunden der Stadt Weimar unter dem Einfluss von Johann Wolfgang von Goethe zur Hälfte ein Kunstpreis zugesprochen.
1807 entstanden die ersten Ölbilder. 1806, 1807, 1808, 1809, 1810 und 1811 reiste er nach Neubrandenburg, Breesen, Greifswald, Rügen, Nordböhmen, in das Riesengebirge und in den Harz.
Der Tod seiner Schwester Dorothea 1808 und der seines Vaters 1809 trafen ihn schwer. Wahrscheinlich unter diesem Eindruck entstanden die bekannten Bilder **Der Mönch am Meer** (1808-1810) und **Abtei im Eichwald** (1809-1810).
Auf der Berliner Akademieausstellung machte Heinrich von Kleist die beiden

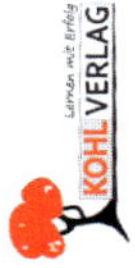

Bilder 1810 einem großen Publikum bekannt. Durch die Fürsprache des erst 15-jährigen Kronprinzen Friedrich Wilhelm von Preußen wurden sie dann durch den Preußischen König erworben.
Noch im gleichen Jahr machte die Berliner Akademie Caspar David Friedrich zu ihrem Mitglied. In den folgenden Jahren tauchten vermehrt Hünengräber, gotische Ruinen und Figuren in Trachten auf.
1818 war er finanziell abgesichert und heiratete Caroline Brommer. Sie war 22 Jahre alt, halb so alt wie er. In einem Brief schrieb er glücklich: „Es ist doch ein schnurrig Ding, wenn man eine Frau hat.“ Mit ihr hatte er zwei Töchter und einen Sohn. Seine Frau und seine Kinder zeigte er in einigen Gemälden und Zeichnungen. Im gleichen Jahr reiste er nach Rügen und malte sein berühmtes Bild **Kreidefelsen auf Rügen**.
Eine Freundschaft hatte er mit dem Künstler Georg Friedrich Kersting. Als ein großer Glücksfall zeigte sich 1821 der Besuch des russischen Dichters Wassili Andrejewitsch Schukowski in seinem Atelier. Er kaufte zahlreiche Bilder für die eigene Sammlung und für die des russischen Zaren und sicherte für viele Jahre Friedrichs Existenz. Auch machte er ihn in Moskau und St. Petersburg bekannt.
1824 wurde Caspar David Friedrich Professor an der Dresdner Akademie.
1826 wurde sein Gesundheitszustand zunehmend schlechter. Trotzdem schuf er zwischen 1825 und 1835 viele schöne und beeindruckende Bilder, zum Beispiel **Das Große Gehege** (um 1832) oder **Die Lebensstufen** (1835). Er entwickelte dabei ein ganz besonderes Gespür für die Farbdarstellung.
Den stärker werdenden Realismus in der Landschaftsmalerei lehnte er strikt ab. Seine späten Werke waren außerhalb der aktuellen Kunstentwicklung. Er erlebte Kritik und wurde vom Publikum immer weniger beachtet. Sehr selten verkaufte er Bilder, sodass er und seine Familie zunehmend in finanzielle Not. gerieten.
1835 erlitt er einen Schlaganfall mit Lähmungserscheinungen. Nach einer Kur fing er wieder an zu malen, was ihm aber große Schwierigkeiten bereitete. Wanderungen waren nur noch mit vielen Einschränkungen möglich.
Caspar David Friedrich starb als gebrochener Mann mit 65 Jahren in Dresden am 7. Mai 1840 und wurde dort auf dem Trinitatisfriedhof beerdigt. Bei seinem Tod war er fast vergessen. Erst später mit der Entstehung und Verbreitung des Symbolismus wurde er wieder entdeckt und bekannt.
Heute wird er als der bedeutendste Künstler der Romantik gewürdigt. In seinen Werken vollzog er den Bruch mit der Landschaftsmalerei von Barock und Klassizismus. Mit Landschaften in seinem einmaligen Stil schuf er neue Bildnisse von Einsamkeit, Tod, Jenseitsvorstellungen und Religion.
Er zählt zu den herausragenden Künstlern, deren Werke höchste Bekanntheit erlangten. Seine Werke werden in bedeutenden Museen weltweit gezeigt und üben eine anhaltende Faszination auf viele Menschen aus. Es gibt dazu eine große Anzahl von Publikationen und Forschungsprojekten in vielen Sprachen.
Caspar David Friedrichs Einfluss auf die nachfolgende Kunst wirkt weiter.
Das Caspar-David-Friedrich-Zentrum in Greifswald widmet sich besonders der Erforschung des Lebens und Werkes des Künstlers. Es sammelt Dokumente und sorgt für Ausstellungen und Publikationen.

Abschlusstest

1. Schreibe das richtige Jahr in die Lücken.

   Caspar David Friedrich wurde in ___ ___ ___ ___ ___ ___ ___ ___ ___ ___

   im Jahr ___ ___ ___ ___ geboren und starb in ___ ___ ___ ___ ___ ___

   im Jahr ___ ___ ___ ___.

2. Welche Familienangehörigen starben während seiner Kindheit?

   ____

3. Nenne die richtige Stadt.

   a) Wo studierte er? ______________________

   b) Wo wohnte und arbeitete er später? ______________________

4. Welche Kunstrichtung vertrat er? Unterstreiche.

   Pop Art   Impressionismus   Romantik   Futurismus

5. Nenne zu jeder Jahreszahl ein passendes Ereignis aus seinem Leben.

   1805: ______________________________________

   1818: ______________________________________

7. Nenne den Bildtitel und das Entstehungsjahr.

   ____

   ____

8. Welche zwei waren Reiseziele von ihm? Unterstreiche.

   Paris   Neubrandenburg   Worpswede   Rügen   Sylt

CASPAR DAVID FRIEDRICH
Anmalen und weitergestalten – Bestell-Nr. 11 939

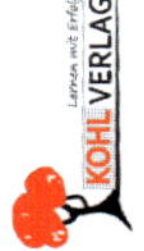

Lösungen

1. Greifswald 1774, Dresden 1840
2. zwei Schwestern, ein Bruder, die Mutter
3. Kopenhagen
4. Romantik
5. 1805: Kunstpreis (Anteil) der Kunstfreunde der Stadt Weimar
   1818: Hochzeit mit Caroline Brommer
6. **Wanderer über dem Nebelmeer**, 1818
7. Neubrandenburg, Rügen

Galerie

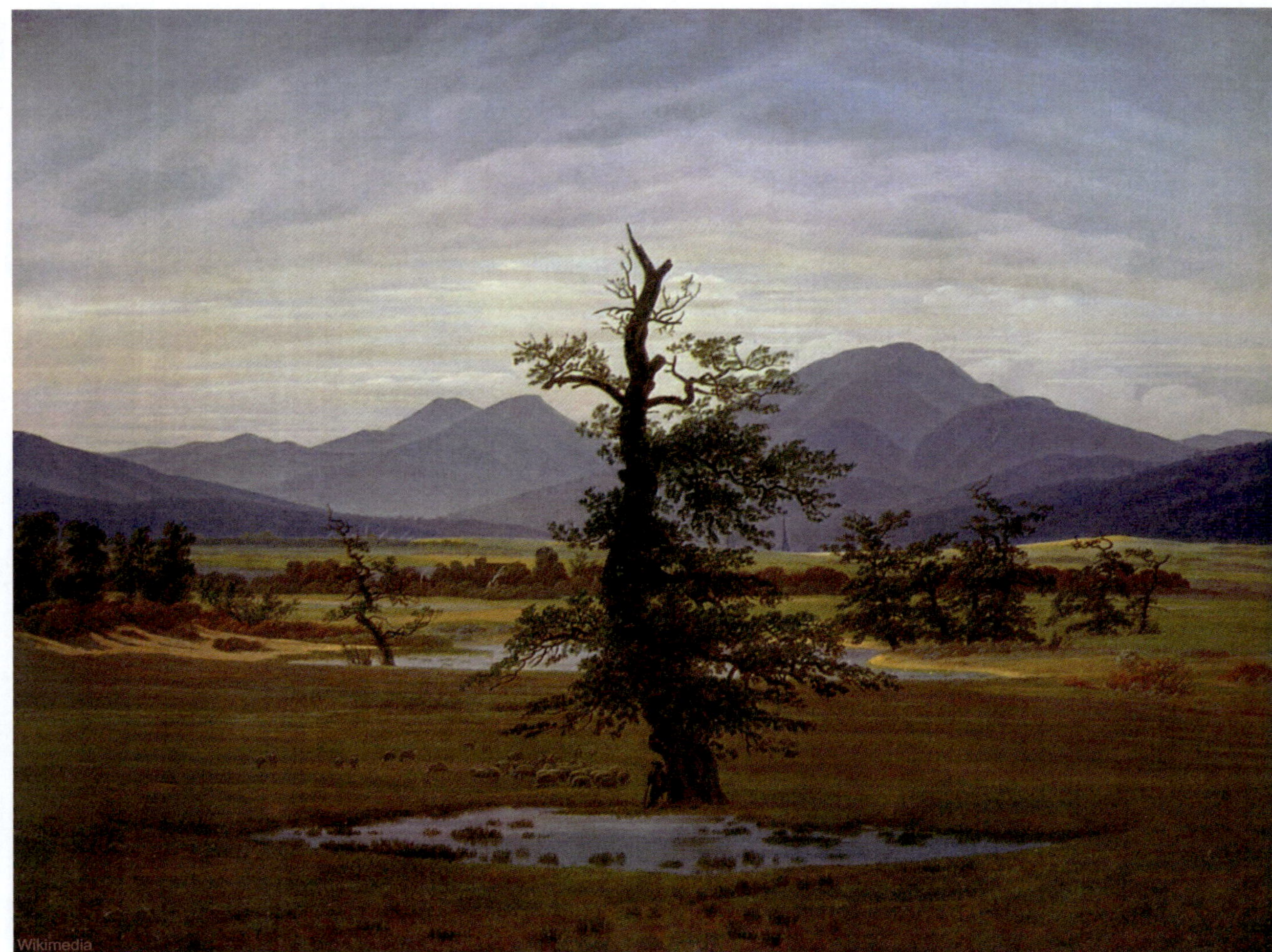

Caspar David Friedrich **Einsamer Baum** 1822

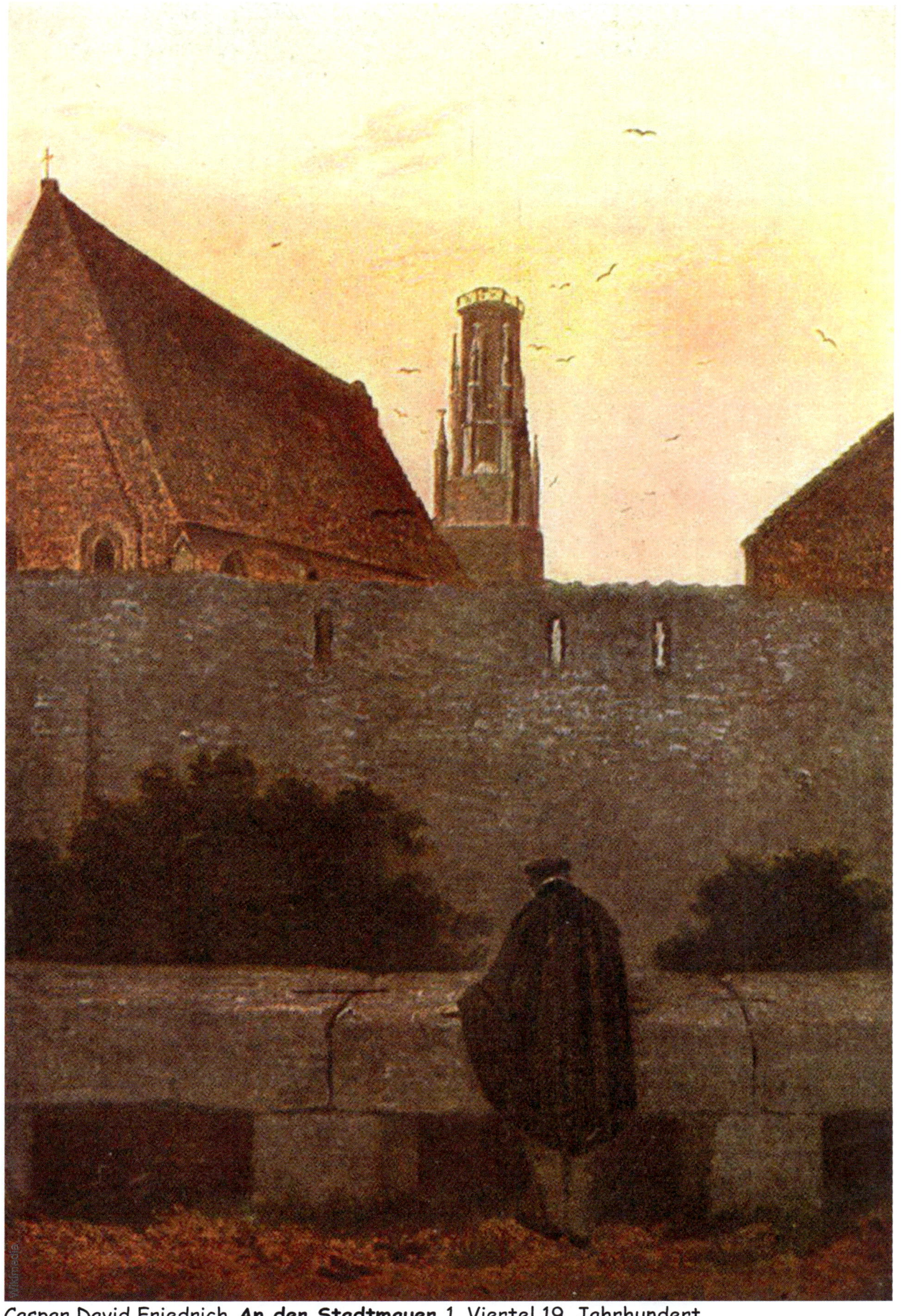

Caspar David Friedrich **An der Stadtmauer** 1. Viertel 19. Jahrhundert

Biografie des Autors

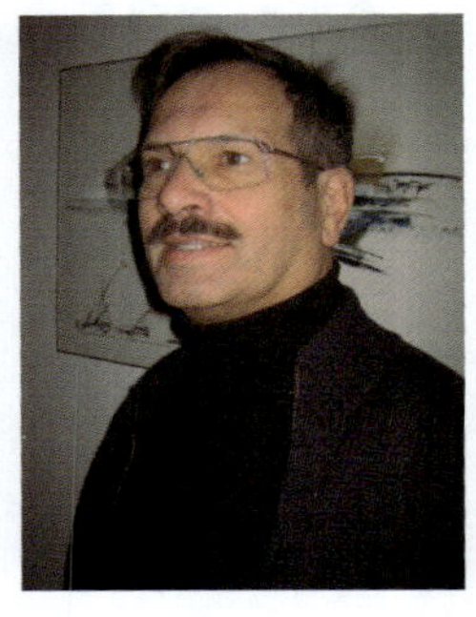

Eckhard Berger *Lehrer, Autor und Künstler*

teamberger@web.de
www.teamberger.de

- Geboren am 6.6.1951 in Brake/Unterweser
- Kunst- und Pädagogikstudium an der Universität Oldenburg in Oldenburg
- Publikationen mit Barbara Berger
- Seit 1987 internationale Ausstellungen, Vorträge, Events und Kooperation mit Künstlern und Institutionen
- Moderne Grafik, Skulpturen und Designs
- Grafikeditionen für Kunstinteressierte
- Gründung der Aktion *„Kunst hilft" – Bilderspenden für Hilfsprojekte*
- Zahlreiche neuartige Praxisbücher für den Vorschulbereich und für den Kunstunterricht in Deutschland, Österreich und der Schweiz

Autor von neuartigen Praxisbüchern für den Kunstunterricht in Deutschland, Österreich und der Schweiz, Grafikeditionen und anderen Publikationen

„Hans Hemd trägt immer nur ein Hemd", Fischerhude 1977
„Hans Hemd und das Kunsthaus", Fischerhude 1978
„Hans Hemds Supersachen", Fischerhude 1979
„Brake – Stadt am großen Strom", Oldenburg 1981
„Der kleine Norddeutsche 1", Oldenburg 1984
„Der kleine Norddeutsche 2", Oldenburg 1985
„Schöne Wesermarsch", Brake 1997
„Brommy – Brake und deutsche Geschichte", Brake 1998
„Kohls kreative Kunstkreationen 1.-2. Klasse", Kohl-Verlag, Kerpen 2006
„Kohls kreative Kunstkreationen 3.-4. Klasse", Kohl-Verlag, Kerpen 2006
„Kohls kreative Kunstkreationen für die Sekundarstufe", Kohl-Verlag, Kerpen 2006
„Farbe – Komplette Theorie im modernen Kunstunterricht" (SEK), Kohl-Verlag, Kerpen 2007
„Moderne Kunst" (in drei Bänden, SEK), Kohl-Verlag, Kerpen 2008
„Design – Moderner Kunstuntericht in der Sekundarstufe", Kohl-Verlag, Kerpen 2008
„Künstler in die Klassen – Mittelalter bis Moderne" (SEK), Kohl-Verlag, Kerpen 2008
„Künstler in die Klassen – Moderne Kunst" (SEK), Kohl-Verlag, Kerpen 2008
„Künstler in die Klassen – Moderne bis heute" (SEK), Kohl-Verlag, Kerpen 2008
„Vierjahreszeiten", Brake 2008
„Jahreszeiten", Brake 2008
„Weser-Art", Brake 2008
„Braker Kunststück", Brake 2008
„Sommer", 2008
„Olli – Kinder entdecken und zeichnen das Oldenburger Land", Oldenburg 2009
„Wir werden Kunstprofi 1 – Effektives Grundlagentraining im modernen Kunstunterricht" (SEK), Kohl-Verlag, Kerpen 2009
„Wir werden Kunstprofi 2 – Effektives Grundlagentraining im modernen Kunstunterricht" (SEK), Kohl-Verlag, Kerpen 2009
„Kunst in Kürze" (SEK), Kohl-Verlag, Kerpen 2009
„Emmas Kunstentdeckungen 1.-2. Klasse", Kohl-Verlag, Kerpen 2010
„Emmas Kunstentdeckungen 3.-4. Klasse", Kohl-Verlag, Kerpen 2010
„Emmas Kunstentdeckungen 5.-6. Klasse", Kohl-Verlag, Kerpen 2010
„Kunstwerke für Schulen - Sekundarstufe" (in drei Bänden), Kohl-Verlag, Kerpen 2010
„Kunstwerke für Schulen - Grundschule" (in drei Bänden), Kohl-Verlag, Kerpen 2010
„Farbtopf" (KiGa, GS), Kohl-Verlag, Kerpen 2011
„Bunte Farbe" - Farbwissen in der Grundschule, Kohl-Verlag, Kerpen 2011
„Konzentrieren können (KiGa, GS)", Kohl-Verlag, Kerpen 2011
„Kunst fachfremd unterrichten" (GS), Kohl-Verlag, Kerpen 2011
„Kunst fachfremd unterrichten" (SEK), Kohl-Verlag, Kerpen 2011
„Claude Monet – Anmalen und weitergestalten" (GS & SEK), Kohl-Verlag, Kerpen 2011
„Vincent van Gogh – Anmalen und weitergestalten" (GS & SEK), Kohl-Verlag, Kerpen 2011
„August Macke – Anmalen und weitergestalten" (GS & SEK), Kohl-Verlag, Kerpen 2011
„Kunstauge" (SEK), Kohl-Verlag, Kerpen 2011
„Der Blaue Reiter – Anmalen und weitergestalten, Kohl-Verlag, Kerpen 2012
„Kunsttipp & Co" (in drei Bänden, SEK), Kohl-Verlag, Kerpen 2012
„Zeichnen können" (KiGa & GS), Kohl-Verlag, Kerpen 2013
„Kunst in Kürze" (GS), Kohl-Verlag, Kerpen 2013
„Gustav Klimt – Anmalen und weitergestalten" (GS & SEK), Kohl-Verlag, Kerpen 2013
„Paul Cézanne – Anmalen und weitergestalten" (GS & SEK), Kohl-Verlag, Kerpen 2013
„Kunst COOL" (SEK), Kohl-Verlag, Kerpen 2013
„Buchstaben (GS), Kohl-Verlag, Kerpen 2013
„Zahlen (GS), Kohl-Verlag, Kerpen 2013
„Kunstbonbons" (GS, in fünf Ausgaben), Kohl-Verlag, Kerpen 2013
„Kunstmutbuch – 10- bis 100-Jährige werden Künstler", Berlin 2013
„Kunst to go – Jederzeit und überall Kunst machen, Hamburg 2013
„Zeichnen können" / Grundschule (in zwei Bänden), Kohl-Verlag, Kerpen 2014
„Paula Modersohn-Becker – Anmalen und weitergestalten", Kohl-Verlag, Kerpen 2014
„Pieter Bruegel – Anmalen und weitergestalten", Kohl-Verlag, Kerpen 2014
„Buchstaben- und Zahlengeschichten" (GS), Kohl-Verlag, Kerpen 2014
„Kreuzworträtsel Kunst, Kohl-Verlag, Kerpen 2014
„Franz Marc – Anmalen und weitergestalten", Kohl-Verlag, Kerpen 2014
„Bildstarke Geschichten / Band 1", Kohl-Verlag, Kerpen 2014
„Kinderkunstland / Band 2", Kohl-Verlag, Kerpen 2014
„Albrecht Dürer – Anmalen und weitergestalten", Kohl-Verlag, Kerpen 2015
„Paul Gauguin – Anmalen und weitergestalten", Kohl-Verlag, Kerpen 2015
„Rembrandt – Anmalen und weitergestalten", Kohl-Verlag, Kerpen 2015
„Raum & Perspektive, Kohl-Verlag, Kerpen 2015
„KUNSTKNALLER, Kohl-Verlag, Kerpen 2015
„Logikrätsel Kunst (SEK), Kohl-Verlag, Kerpen 2015
„Kreuzworträtsel Kunst, Kohl-Verlag, Kerpen 2015
„Rembrandt – Anmalen und weitergestalten", Kohl-Verlag, Kerpen 2015
„Jan Vermeer – Anmalen und weitergestalten", Kohl-Verlag, Kerpen 2016
„Entspannungsmalen" (in drei Bänden), Kohl-Verlag, Kerpen 2016
„Caspar David Friedrich – Anmalen und weitergestalten", Kohl-Verlag, Kerpen 2016